Bliv onlineekspert og få en business du elsker

RASMUS LINDGREN

Copyright © 2017 Rasmus Lindgren

All rights reserved.

ISBN: 8799961202
ISBN-13: 978-8799961207

Til mine børn, lysene i mit liv, der fik åbnet mine øjne

INDHOLD

1 OM DEN GAMLE VERDEN, DEN NYE OG FORRETNINGSMODELLEN, ROCKERNE ER MISUNDELIGE PÅ

"Vi fulgte lyset fra solen og forlod den Gamle Verden."

– Christoffer Columbus

"Jeg vil gerne starte en virksomhed, men jeg har ikke en unik idé. Så hvad synes du, jeg skal gøre?" spurgte manden, der sad over for mig, og inden min hjerne egentlig havde registreret sætningen, havde jeg allerede åbnet munden for at svare.

Jeg har igennem de sidste par år talt med rigtig mange mennesker, der gerne vil være selvstændige, men står stille, fordi de venter på, at himlen over dem åbner sig, der høres englesang i det fjerne, og en unik idé indgraveret på stentavle dumper ned i skødet på dem.

Hvis du drømmer om at blive den næste Elon Musk, Steve Jobs eller for den sags skyld Thomas Edison, der ændrer verden via produkter, som sprænger rammen for, hvad vi troede var muligt, så er dette ikke bogen for dig.

Jeg har ingen ambition om radikalt at ændre den verden, vi lever i – om end den i mange henseender godt kunne bruge et skub – og jeg kan på ingen måde hævde, at jeg når ovennævnte personligheder bare til lilletåen, når det kommer til at få vilde og unikke idéer.

I stedet vil jeg vise dig, hvordan du kan etablere en onlinevirksomhed baseret på din viden og ekspertise. En virksomhed, der ikke kræver, at du arbejder 80 timer om ugen de næste 10 år. En virksomhed, der ikke kræver kapitalindskud fra investorer, eller at du er nødt til at falde på knæ for din bankrådgiver. En virksomhed, du kan drive, samtidig med at du har en familie og interesser, der ikke nødvendigvis foregår i et lille mørkt kontor foran din computer.

"Hvorfor jagter du dog en unik idé?" spurgte jeg tilbage – ja, jeg ved det. Folk hader, når man svarer på et spørgsmål med et modspørgsmål.

"Jamen, jeg bliver da nødt til have en unik idé, som ingen andre har, inden jeg starter. Gør jeg ikke?" De sidste ord kom lidt usikkert ud af munden på ham, og hans øjne begyndte at flakke lidt rundt i lokalet.

"Hvad er det, succesfulde virksomheder rent faktisk gør?" spurgte jeg. Ja, jeg ved det, endnu et modspørgsmål.

Det var tydeligt, at han tænkte, så det knagede, men inden han kunne nå at åbne munden og svare, løb min egen utålmodighed af med mig. Enten det, eller jeg tænkte, at det var på tide at give ham nogle svar.

"De løser et eller flere problemer for deres kunder," sagde jeg og fortsatte så med at præsentere ham for endnu et spørgsmål. "Synes du ikke, at der er problemer nok i denne verden?" Han blinkede et par gange. Han havde ikke helt fanget min pointe endnu. "Succesfulde virksomheder løser problemer for deres kunder. Du kan derfor starte en virksomhed ved at angribe et eksisterende problem og for den sags skyld med en eksisterende løsning." Jeg skal på forhånd undskylde min næste sætning, men vi sad to mænd og snakkede over en øl, så på det tidspunkt gav eksemplet måske mere mening end nu, hvor jeg sidder og skriver det til dig.

"Tror du, folk pludselig stopper med at skulle gå på toilettet?" spurgte jeg og pegede over på caféens toiletter, hvor en kvinde netop var på vej ud. "Virksomheden, der producerer eller sælger toiletruller, har sgu da ikke en særlig unik idé. Faktisk blev toiletrullen patenteret helt tilbage i 1883. De løser et problem, nemlig at verden er befolket med røvhuller, og de skal alle sammen tørres."

Jeg har haft variationer af denne snak et utal af gange. Vi hører så tit om iværksættere i medierne, der har haft "en fantastisk idé", men fakta er, at for hver af de succesfulde iværksættere har der været 100, der ikke klarede den.

3

I stedet for at gå efter det unikke er det lettere at gå efter et eksisterende marked, hvor der allerede sælges produkter eller services.

Jeg vil ikke underkende den gode idé. Men det er alt andet lige noget lettere at lave en virksomhed, hvor du tjener 100.000 kroner om måneden, end en, du planlægger at sælge om 10 år for 100 millioner kroner.

Mursten vs. skyen

Men denne bog handler ikke om at lave en virksomhed, der sælger toiletpapir. I stedet vil jeg vise dig en forretningsmodel, der ikke kræver den store investering, og som du kan starte ved siden af et arbejde eller din eksisterende virksomhed.

Før i tiden var det ofte forbundet med stor risiko at starte egen virksomhed. Det krævede typisk en god portion startkapital til varer, ansatte, lejemål osv. Penge, som oftest måtte findes i banken.

Den gode nyhed er, at når man investerer alt, hvad man har, og samtidig belåner sig til op over begge ører for at forfølge sin drøm, så er man motiveret. Den dårlige nyhed er, at man ofte ville være personlig konkurs og mærket økonomisk i mange år efter, såfremt drømmen brast, og det viste sig, at det var lidt sværere at drive forretningen, end man havde forventet.

Efter krisen i 00'erne er det blevet meget sværere at

låne risikovillig kapital, så for mange er drømmen kommet endnu længere væk.

Men verden har ændret sig. Internettet og alle de muligheder, det har bragt med sig, er ikke noget nyt, men det er muligheden for hurtigt og let at opbygge en succesfuld virksomhed online til gengæld. At man kan bygge en virksomhed online er i sig selv ikke noget nyt. Amazon.com blev stiftet helt tilbage i 1994. Men før i tiden var det forbeholdt dem, der forstod teknikken. I takt med at teknologien er modnet, er systemerne og værktøjerne nu blevet så lette at bruge, at din mor vil kunne bruge dem.

Der findes et utal af onlineforretningsmodeller, og det første, du måske tænker på, er e-handel. Uden at hente min krystalkugle frem fra kælderen gætter jeg på, at du jævnligt handler på nettet. Det gjorde 3,4 millioner danskere i 2015.

Hvis du før i tiden havde en fysisk butik i en mindre sidegade i en forstad til en større by, var der et naturligt maksimum på, hvor mange mennesker du kunne tiltrække til den. Det er derfor, at kvadratmeterprisen på et lejemål på Strøget i København er højere end på hovedgaden i Vester Nebel.

Der passerer simpelthen flere potentielle kunder forbi på Strøget.

Men selv på Strøget er der en begrænsning i det

5

maksimale antal besøgende i butikken.

Med en internetbutik er der intet maksimum. Du kan servicere alle dine besøgende på alle tider af døgnet. Du kan reelt have en dansk webshop, der servicerer hele Europa eller USA for den sags skyld.

Nu er dette dog ikke en bog om webshops, men det er et godt eksempel, som du kan relatere dig til, og som viser dig synligheden og distributionen af ens brand, man kan få online.

Der er ikke et maksimum som med en fysisk butik, og det har på mange måder fundamentalt ændret den måde, vi driver forretning på i dag.

Webshops er en udmærket forretningsmodel, men der er stadig en stor risiko forbundet med, at du skal binde en masse penge i et varelager.

I denne bog vil jeg foreslå en anden forretningsmodel. På mange måder er den ikke ny, men kombineret med internettets muligheder bliver det til en forretningsmodel, som selv rockere og bander vil være misundelige på.

Og hvorfor siger jeg det? Selv narko har en kostpris. Så selv rockerne skal investere i et varelager, de skal bruge mennesker til at fragte disse varer og samtidig nok også afsætte en del penge til advokatregninger i deres budgetter.

Et produkt, der ikke har en kostpris, der ikke fylder på et lager, der er let og stort set gratis at distribuere er ... informationer!

Denne bog er et eksempel på et informationsprodukt, men ikke et fysisk et af slagsen, der lider under en kostpris, udgifter til lager, forsendelse osv.

I informationsprodukter har du som produktudvikleren samlet informationer og sælger dem til en pris. Det nye er, at du ved at gøre dem digitale og smide dem online eliminerer udgifterne til at trykke bøgerne, køre dem rundt i lastbiler og sende dem ud til kundernes postkasser.

Et andet klassisk informationsprodukt er et kursus eller seminar. Her skal dine deltagere bruge penge og tid væk fra familien på at deltage, og der vil som oftest være udgifter til lokale, forplejning, materialer osv.

Fra CD-rom til online

I 2001 blev jeg ansat som udvikler i en e-learningvirksomhed, hvor vi arbejdede med at distribuere "læring" eller informationer til ofte tusindvis af mennesker i større virksomheder.

Dengang var det kun store virksomheder, der havde råd til denne type projekter, og ofte var der penge at spare, da det hurtigt kostede mange tusinde at sende alle ansatte på fysiske kurser og uddannelser.

Dengang var internettet ikke helt, hvad det er i dag. Vi distribuerede vores læringsforløb på CD-rom. Ja ja, jeg ved det ... CD-rom'er er nok lige så hot som den gode gamle floppy disk.

Men dengang var det ikke muligt at distribuere fx video via nettet, da folks internetforbindelser slet ikke kunne trække det.

I dag sidder de fleste i Danmark med forbindelser, der kan streame video i fuld HD-opløsning. Dette er også grunden til, at DVD'er er på vej ud. Vi kan streame film og serier on-demand i bedre kvalitet via onlineservices.

Teknologiudviklingen har 1) gjort det let at nå personer i din målgruppe, lige meget hvor de befinder sig, 2) givet dig værktøjer, der kan automatisere din forretning, og som selv din 12-årige nevø kan betjene, 3) gjort nye forretningsmodeller, der ikke var mulige før, tilgængelige, og 4) forbundet verden med hurtige internetforbindelser, der har gjort det muligt at transportere al den viden, vi tidligere kunne suge til os i et helt liv, til den anden side af jorden på få sekunder.

Hvor et e-learningprojekt i 2001 hurtigt kunne løbe op i millioner af kroner, er det i dag muligt at lave et bedre resultat fra hjemmekontoret for under 1.000 kroner.

Og det er præcis, hvad jeg vil lære dig i denne bog.

Jeg vil vise dig, hvordan du kan bygge en profitabel virksomhed op ved at lave digitale informationsprodukter. Hvordan du pakker den viden, du allerede har og kan hjælpe andre med, og gør den salgbar online.

I denne bog afslører jeg den model, jeg selv har brugt til at opbygge min virksomhed, og som jeg også bruger til at hjælpe andre med at positionere sig som eksperter, tiltrække et publikum, lave fede onlineprodukter samt at markedsføre og sælge disse produkter.

Det har aldrig været lettere at skabe en profitabel virksomhed baseret på din viden, og lige nu har du en unik mulighed for at blive den førende onlineekspert inden for dit felt.

Men lad mig give dig et eksempel. For en måneds tid siden kørte jeg en kampagne, der solgte for 142.694 kroner på en uge.

Mit tidsforbrug? Jeg brugte en halv dags tid på at skrive nogle e-mails, og så brugte jeg ca. to timer på at afholde et webinar.

Produktet? spørger du. Det er allerede lavet (og det var i øvrigt heller ikke første gang, jeg solgte det). Og hvad med leveringen af produktet til mine kunder? Fuldstændig automatisk.

Ellers brugte jeg kun tid på at kigge på min telefon en gang i mellem, når jeg fik en SMS-notifikation ved hvert salg, der tikkede ind.

Vil du sælge for mere end 100.000 kroner, første gang du lancerer et onlineprodukt? Sikkert ikke, det gjorde jeg heller ikke selv. Det er ikke uhørt, men oftest ser jeg et salg på en 20-50.000 kroner, når man starter med at sælge sit første produkt. Men herefter står du med et produkt, du kan sælge igen og igen, uden at det koster dig hverken penge eller tid at producere. Du vil skulle bruge tid på markedsføring, men dette er en aktivitet, der i høj grad kan automatiseres, så du i sidste ende kan sætte det hele op for så at tage et par ugers ferie.

"Men Rasmus, skal det bare handle om at sælge mest muligt til folk, der ikke ved bedre?"

Nej! Det handler om, at *du* kan hjælpe andre med dit budskab og din viden, og at du brænder for at hjælpe dem videre til det næste niveau. Om det så er det næste niveau i deres liv, deres virksomhed, deres hobby osv.

Har du ikke en indtægt, har du ingen virksomhed og har ikke længere mulighed for at hjælpe disse mennesker! Har du ikke en virksomhed med et positivt cashflow, er du i sidste ende skyld i, at folk ikke rykker sig i den retning, du ellers ville have kunnet hjælpe dem med!

Om det så er at blive en bedre rytter, få et bedre

parforhold, få flere kunder, mere selvværd, lettere ved at læse, kvitte smøgerne, spille bedre mandolin eller finde drømmejobbet.

Har viden virkelig værdi?

Med al viden tilgængelig online helt gratis, hvorfor vil nogen så betale for den?

"Viden er magt," sagde den britiske filosof Francis Bacon, og det gælder også i dag. Også selvom viden er blevet meget mere tilgængelig end omkring år 1600, da Francis gav den gas.

Med al den viden online er det blevet sværere at navigere rundt. Der er muligvis meget godt på nettet, men der er så sandelig også meget ... ja, undskyld ... lort.

Hvis du kan hjælpe nogen med at løse et problem, de har, og du kan gøre det på en struktureret og lettilgængelig måde, vil de gerne betale for det. Du kan helt sikkert spare dem for måneders onlineresearch og frustrationer, hvis de selv skulle have samlet en masse brikker til et større puslespil.

At de har en person at gå til, der kan hjælpe og guide dem på deres vej, skal du ikke undervurdere. Folk er villige til at betale for bekvemmelighed.

Så kære læser, hvis du investerer tiden sammen med

11

mig i denne bog, vil jeg til gengæld hjælpe dig med at bygge en virksomhed baseret på din passion og dit budskab.

2 TABERE OG VINDERE

"Udfordringen ligger ikke så meget i at udvikle nye idéer, men at undslippe gamle."
— John Maynard Keynes

"Du har solgt for hvor meget, sagde du?"

Det var en forårsdag, og jeg sad på mit kontor i Lyngby og kiggede ud af vinduet på træerne udenfor. Alt var ved at springe ud, og de lysegrønne farver var endelig ved at presse vinterens mørke væk.

"20.000 kroner. De 18.000 allerede inden jeg stoppede med at tale," sagde Uffe i den anden ende af telefonen.

"Det er ikke helt dårligt for at sidde og tale ind i en mikrofon en lille times tid," sagde jeg.

"Ja, men nu er jeg lidt presset" – hvilket jeg også kunne høre på hans stemme. "Jeg har jo ikke lavet produktet endnu. Men familien tager væk på noget

13

påskeferie, og så kan jeg blive hjemme og knokle."

Sådan!

Jeg har kendt Uffe i flere år, og han er pisseskarp på sit område. Hans virksomhed Samurai PR hjælper virksomheder med at komme i medierne, og han har en helt crazy hit rate, der gør, at ca. 95 procent af de historier, han hjælper med, bliver opfanget og brugt af medier som de store aviser, TV og radio.

Faktisk havde han forinden hjulpet mig med at komme i både Dagbladet Børsen og Søndagsavisen inden for en uges tid. Derfor ville jeg også rigtig gerne hjælpe ham med at give sin viden videre og dermed hjælpe andre.

Igennem de sidste par år havde Uffe haft et ønske om at komme ud med et onlinekursus. Et produkt, hvor han kunne pakke sin viden og nå nogle virksomheder, der gerne ville i pressen, men ikke nødvendigvis havde pengene til at arbejde direkte sammen med ham.

Så jeg bad ham om at sætte en dato for et webinar.

Har du aldrig været på et webinar, ved du måske ikke, hvad det er. Men reelt er det bare et "onlineseminar". Deltagerne kan på forhånd registrere sig (gratis), og når det er tid til webinaret, logger deltagerne ind på en lukket side og ser en livepræsentation med billede og lyd. Fordelen ved webinarer er selvfølgelig logistik. Det er lettere og billigere at få 200-300 mennesker på et webinar, som de kan tilgå fra deres sofa foran computeren, efter ungerne er puttet, end at samle det tilsvarende antal i et lokale.

Da Uffe havde sat en dato, sendte jeg ham min "PowerPoint-webinar-skabelon" og bad hamputte sit indhold ind i skabelonen.

Jeg hjalp ham med at få 80-90 deltagere til at dukke op live, og han endte med at sælge 10 produkter a 2.000 kroner. Et produkt, han som sagt på det tidspunkt endnu ikke havde lavet.

Det lyder måske lidt vildt at sælge et produkt, man endnu ikke har lavet, men Uffe nævnte selvfølgelig, at onlineforløbet først startede ca. en måned efter webinaret, og prisen derfor var en særlig "early bird"-pris.

Han fik færdiggjort sit onlinekursus, noget, han havde drømt om længe. 10 personer fik fantastisk undervisning i, hvordan de kunne få deres virksomhed i medierne (til en meget lav pris, når man ser på, hvad Uffe normalt tager for sin hjælp).

Men endnu vigtigere: Nu har han et produkt, han kan sælge igen og igen. Næste gang han sælger produktet, behøver han ikke smide sin familie ud af huset for at få det gjort færdigt. Uffe kan nu med en smule markedsføring sælge et produkt, der 1) ikke koster ham noget, og 2) han ikke skal bruge tid på at levere.

Og hvad er så den gode nyhed?

Du kan gøre præcis det samme!

Det kræver ikke nogen længerevarende uddannelse eller særlig knowhow om computere, internettet eller teknik generelt.

Det kræver ikke, at du er den største ekspert i Danmark, Europa eller verden inden for dit felt. Uffe er pissedygtig til det, han gør, men du har med garanti aldrig hørt om ham eller hans virksomhed, på trods af at han har været i gang i mere end 15 år.

Det kræver kun, at du brænder for dit budskab, har et oprigtigt ønske om at hjælpe din målgruppe, og at du handler.

Myten om "passiv indkomst"

Rigtig mange taler om "passiv indkomst", hvilket lyder skønt. Desværre er det ikke virkelighed. Det vil altid kræve, at du gør en indsats.

Man kan ikke være "passiv" og samtidig få succes. Jeg synes, udtrykket er en smule misvisende og ofte bliver brugt af mere arbejdssky personager.

Du kan sætte en masse automatisering op i din

virksomhed, men det kræver stadig, at du kommer i arbejdstøjet og rent faktisk får sat det hele op.

Hvad er så den dårlige nyhed? Du kommer til at arbejde for sagen, og der er ingen gratis (eller passiv) frokost.

Jeg møder rigtig mange mennesker, der har den samme drøm som Uffe og ønsker at lave et eller flere onlinekurser baseret på deres viden. Men de ved simpelthen ikke, hvor de skal starte.

"Er min idé/passion god nok?"

"Hvad er det første, jeg skal gøre?"

"Jeg får for mange idéer og ved ikke, hvilken en af dem jeg skal vælge."

Det er helt naturligt at tvivle, når man kaster sig ud i noget nyt og ukendt. Bare det ikke stopper dig allerede inden du kommer i gang. Senere vil vi i denne bog se nærmere på, hvordan du vælger den "rigtige idé", men indtil videre skal du bare sige til dig selv, at det, du ved, og den passion, du har, er helt perfekt, og så gå videre.

Alle har en mening også når det kommer til onlinevirksomheder

Med internettets mange muligheder kommer der også

et væld af råd og værktøjer, man *kan* bruge. Faktisk ser det nogle gange ud, som om alle på internettet har en mening om stort set alt.

Jeg ser ofte personer spørge om råd til forskellige værktøjer på Facebook. Det kunne fx være, hvilket system man skal bruge til sine nyhedsbreve. Alle vil gerne hjælpe og begynder at kommentere, nogle gange med egne erfaringer (der typisk kun tæller det system, man selv bruger) og andre gange med noget, man har hørt fra en god ven, kollega eller sin 14-årige søn.

Det er der som udgangspunkt ikke noget problem i, men udfordringen er, at et værktøj, eller for den sags skyld en given strategi, er en god idé for én person (eller virksomhed), men ikke nødvendigvis for en anden.

Du har ikke behov for en strategi i øst og et værktøj i vest. I stedet har du behov for en samlet plan! En plan, der tager dig fra dit udgangspunkt til det resultat, du gerne vil opnå.

Det er, hvad du får med denne bog. Ikke en liste med de 10 systemer, du *kan* bruge, men det *ene*, du har behov for i forhold til at sælge din viden online. Ikke 20 forskellige måder at tiltrække kunder på, men den absolut bedste måde, der fungerer netop nu, og som sikrer, at du i sidste ende ikke spilder din tid på strategier, der ikke fungerer lige så godt.

Vindere går uden for deres komfortzone

En anden udfordring er, at mange gerne vil have resultaterne af at lave onlineprodukter, men ikke er parate til at bevæge sig uden for deres komfortzone.

Det er fint nok, men vil du have andre resultater end dem, du plejer at få, skal du helt sikkert lære noget nyt. Og det inkluderer, at du bevæger dig uden for de rammer, du plejer at bevæge dig i. Senere vil jeg vise dig, hvorfor du i virkeligheden er i din "vækstzone", når du er uden for din komfortzone, og hvorfor du ikke kan have den succes og indflydelse, du ønsker, når du kun handler inden for din komfortzone.

Det var Albert Einstein, der sagde, at "definitionen på galskab er at gøre det samme igen og igen og forvente et nyt resultat".

Du vil i denne bog helt sikkert lære nyt, og når du begynder at bruge det, jeg har lært dig, vil du helt sikkert også støde på modstand. Medmindre du er Dalai Lama, kan jeg garantere dig, at du også til tider vil blive en smule frustreret.

Til gengæld finder du i denne bog en komplet forretningsmodel og en køreplan, som du kan arbejde på, når det passer ind i dit liv.

3 HVORFOR VI GØR SOM VI GØR

"Det er smertefuldt at vente. Det er
smertefuldt at glemme. Men ikke at
vide, hvad du skal gøre, er den værste
form for lidelse."
– Paulo Coelho

Det var sommer, og jeg var 16 år. Jeg tilbragte en uge i sommerferien sammen med en ven hos hans bedsteforældre. De havde en lille købmandsbutik, og vi hjalp med at fylde varer op, mod at vi fyldte os med sodavand.

Egentlig en sjov måde at holde ferie på, eftersom jeg ved siden af skolen arbejdede i en kiosk. Først som flaskedreng og siden med at sælge cigaretter, øl og lottokuponer – den hellige treenighed inden for livsstil på den københavnske vestegn, hvor jeg er vokset op.

Vi sad hjemme hos min vens bedsteforældre, da

telefonen ringede. Det var, inden alle teenagere havde deres egen mobiltelefon (eller smartphone).

Det var til mig, og da jeg fik røret, kunne jeg hurtigt høre på min mor, at der var noget helt galt.

Min far var faldet, men ud over det var det ikke helt klart, hvad der var sket. Han havde fået en hjerneblødning, det var alvorligt, og jeg skulle hurtigst muligt komme ud til Glostrup Hospital, hvor han lå.

Når nogen siger, at man hurtigst muligt skal komme ud til nogen på et hospital, så ved man, at den er rigtig gal.

Jeg tænkte mange tanker på vej ud til hospitalet. Mine forældre var blevet skilt, da jeg var fire år. Min lillesøster, der endnu kun var et år, endte med at bo hos min mor, og jeg endte hos min far. Min mor så jeg hver tredje weekend. Min far og jeg blev boende i Albertslund, mens min mor i en del år boede på Lolland og arbejdede på anstalten i Rødby, hvor man opbevarer nogle af samfundets farligste mennesker.

Min far var oprindeligt bryggerimedarbejder på Carlsberg, og dengang var der ikke så mange regler for, hvor mange øl man måtte drikke i løbet af dagen. Så længe man mødte til tiden og kunne passe sit arbejde, var der frit slag.

Jeg skal ikke kunne sige, om det var dette arbejde,

70'erne eller hans egen opvækst, der gjorde det, men han var i hvert fald glad for alkohol.

Selv da han skiftede karriere og blev pædagog, fortsatte han med at være glad for de våde varer. Det betød, at jeg selv som ung dreng havde en far, der ofte kom fuld hjem ud på aftenen, fordi han lige skulle forbi værtshuset.

De sidste år af min fars liv fortsatte hans utrolige dobbeltliv. Han havde sit job som pædagog, en kæreste, der var 20 år yngre end ham selv, og et alkoholforbrug, der nu inkluderede flere billige enliterskartoner vin om dagen.

Om det var, fordi han var flov og prøvede at skjule det, eller bare fordi han var for sløv til at bære dem ud i skraldespanden, fandt jeg aldrig ud af, men meget ofte fandt jeg de tomme kartoner i krattet under vores stuevindue.

Jeg levede i en hverdag med trusler, en far, der fik krampeanfald på sofaen, sikkert på grund af en svigtende lever og mavesår. Og med en skam, der gjorde, at jeg ikke kunne have venner på besøg.

Da jeg kom ud på hospitalet og fandt min far forbundet til respirator og med et hoved, der var underligt misformet grundet blod- og væskeansamlinger i hjernen, var det en underligt surrealistisk situation.

Jeg husker egentlig ikke så meget mere. Vi har det

med at blokere minder, vi ikke vil tænke tilbage på. Min far blev konstateret hjernedød, og de slukkede for respiratoren.

Denne oplevelse er årsagen til, at jeg i sidste ende byggede mit liv og min virksomhed op, som jeg har gjort.

Min første virksomhed

Mange år efter, i 2007, spurgte en af mine kollegaer mig, om vi ikke skulle starte en virksomhed sammen. Idéen var, at vi skulle være konsulenter halvdelen af året og arbejde på vores egne vilde idéer og projekter den anden halvdel.

På det tidspunkt arbejdede jeg i en større IT-virksomhed og havde en konflikt med min chef, der i den grad overskred mine værdier. Jeg skal ikke kede dig med deltaljer om IT-projekter, men bare sige, at konflikten handlede om, at jeg skulle lave en løsning, jeg ikke kunne stå inde for.

Så da min kollega spurgte mig, var det en let udvej at tage og slippe for at skulle se en kunde i øjnene, som jeg vidste ikke fik det, de egentlig efterspurgte.

Da vi jo startede med at sælge vores timer for penge som konsulenter, havde vi øjeblikkeligt positivt cashflow. Det er en luksus, som ikke mange nystartede virksomheder har, men vi fik hurtigt flere opgaver, end vi selv kunne klare.

Når man er sin egen chef og har direkte indflydelse på, hvad man tjener, kan man hurtigt komme til at arbejde for meget. Vi tjente gode penge i virksomheden, men jeg lagde flere timer, end godt var, ofte 50-60 om ugen.

En dag ringede min kæreste med en glædelig nyhed. Hun var gravid. Det kom ikke ud af den blå luft, og på trods af en fengshui-konsulent, der havde sagt, at vi ikke kunne få børn på grund af indretningen af vores hus, var familieforøgelsen noget, vi havde planlagt og … åh, hvad siger man nu … arbejdet på.

Men jeg reagerede ikke positivt. Jeg kunne ikke sætte fingeren på, præcis hvad der var galt, men jeg var bange.

Min far havde jo ikke ligefrem givet mig en god barndom, så hvordan kunne jeg vide, hvordan man var en god far? Kunne jeg overhovedet blive en god far?

Cecilie blev født i december 2009, og i starten af 2010 besluttede jeg mig for at sælge mine andele i den virksomhed, jeg havde været med til at starte.

Jeg blev nødt til at prioritere min familie, og jeg blev nødt til at finde mig selv som far. Og det var ikke foreneligt med en arbejdsuge på 50-60 timer.

Man bliver ikke rig af at sælge en virksomhed, man

kun har haft i lidt over to år, så jeg måtte finde en anden indtægtskilde. Hurtigt.

Noget, jeg vidste jeg kunne, var at være konsulent. Så jeg startede med at arbejde freelance på korte kontrakter som IT-konsulent. Typisk a to-fire måneders varighed. Ud over det vidste jeg også, at jeg ville have noget indkomst, der ikke inkluderede, at jeg solgte min tid. Jo jo, man er da godt betalt som konsulent, men det skalerer ikke, og jeg ville jo gerne arbejde mindre. Som konsulent solgte jeg stadig min tid, og tid var jo netop det, jeg havde behov for.

Så ved siden af min konsulentforretning opbyggede jeg nogle virksomheder inden for onlineservice. Ens for dem var, at jeg solgte services i Danmark, men at de blev leveret via outsourcede teams. Et i Østeuropa og et på Filippinerne. Det betød, at jeg kunne være en smule involveret i salgsprocessen og med at finde kunder, sende detaljerne til et af mine teams og så tjene ca. 50 procent af projektets pris.

Det lyder måske lidt abstrakt, så for at gøre det lidt mere konkret leverede et af mine projekter webshops til mindre og mellemstore virksomheder.

Fra Danmark til Thailand og hjem igen

Det gik fint, og igennem flere år arbejdede jeg som konsulent fire-seks måneder om året. Resten af tiden kunne jeg forfølge skøre projekter og idéer og have tid til min familie, der i starten af 2012 blev suppleret med vores dreng, Oliver.

I midten af 2010 købte vi også et hus i Hua Hin i Thailand, hvor vi kunne tilbringe vores vintre. Så når det var mørkest og koldest i Danmark, kunne vi smutte ned til 28 grader med maid, der klarede alt det praktiske, og al den ris og kylling, vi kunne proppe os med.

Det gav mig den tid, jeg havde drømt om med mine børn, og jeg fandt mig selv som far.

I disse år bloggede jeg på engelsk på RetireMyAss.com, hvor jeg skrev om mine forsøg, fejlslag og succeser. Flere tusinde læste med hver måned, og rigtig mange skrev til mig for at lære mere. Derfor var det også naturligt for mig at kaste mig over informationsprodukter.

Jeg havde allerede eksperimenteret lidt med e-bøger og kortere onlinevideokurser, og samtidig havde jeg også min erfaring fra e-learningbranchen. Nu skulle det også gøres til en del af min forretning.

Så i 2011 udgav jeg mit første større onlinekursus på engelsk, og i 2013 udgav jeg min første bog, *The Lifestyle Business Rockstar*, ligeledes på engelsk.

Jeg solgte mit onlinekursus via min blog og mit nyhedsbrev, men jeg løb hurtigt ind i problemer. Da den indledende lancering af mit onlinekursus var drevet over, befandt jeg mig i lidt af en "hvad så nu?"-situation. Jeg havde solgt kurset til dem på mit nyhedsbrev, men jeg kunne jo ikke bare fortsætte med at skrive til dem om det hele tiden. Dem, der gerne ville købe, havde jo købt, eller?!

Efter en masse forsøg og fejl var det lykkedes mig at blive god til at lave mine onlineinformationsprodukter, men jeg kunne se, at jeg måtte lære mere om det at markedsføre og sælge dem.

"Men hvorfor gør du det ikke på dansk, Rasmus?" spurgte min ven mig.

Tja, hvorfor gør jeg egentlig ikke det? Da jeg havde startet min blog, havde jeg tænkt, at der simpelthen ville være flere potentielle læsere, end hvis jeg havde skrevet på dansk. Så da det kom til at udvikle produkter og skrive min bog, var det naturligt at fortsætte på engelsk, når nu hele min platform og publikum var engelsktalende.

Men spørgsmålet havde sat noget i gang. Hvorfor ikke også gøre det på dansk? Så i sommeren 2014 lejede jeg sammen med en ven en lejlighed i Barcelona via Airbnb og tog på en seks dage lang arbejdslejr. Her lavede jeg min hjemmeside og skrev den e-bog, jeg ville bruge til at få folk på mit nyhedsbrev.

I løbet af de første tre måneder fik jeg via en teknik, jeg vil dele med dig senere i denne bog, 1.174 personer på mit nyhedsbrev.

Men så skulle der tjenes penge, og jeg kastede mig over mit konsulentarbejde. Og det var først i foråret 2015, at jeg endnu en gang fik tid til at lave noget på dansk, og jeg lancerede mit første omfattende onlinekursus i marts måned det år.

And the rest is history, som de siger. Det er gået så godt på dansk, at jeg faktisk har taget en lille pause fra det engelske.

Jeg har hjulpet hundredvis af mennesker med at få deres budskab ud via onlineprodukter, tusindvis har fulgt et eller flere af mine webinarer, og et halvt år efter jeg lancerede mit første onlineprodukt, afholdt jeg et udsolgt todages seminar for 50 mennesker. Det næste todages seminar, jeg afholdt, kun 12 måneder efter jeg frigav mit første produkt på dansk, havde deltagelse af mere end 130 topmotiverede mennesker på Hotel Scandic Eremitage i Lyngby.

Mine kursister og klienter sælger ofte for 20-70.000 kroner af deres første produktlancering efter at have fulgt mit system, et produkt, de efterfølgende kan sælge igen og igen. I denne bog vil jeg vise dig den selvsamme proces, som både jeg og de bruger, og som du kan kopiere og bruge i din egen virksomhed.

I dag har jeg en arbejdsuge på 25-30 timer med mulighed for at arbejde hvor som helst, hvor der er en internetforbindelse.

Det meste af tiden er det dog fra mit kontor i Lyngby, der ligger fem minutters gang fra, hvor jeg bor med min kæreste, to børn og to kaniner.

4 DINE TANKER SKABER DIN VIRKELIGHED

"Hvad sindet kan fatte og tro, kan det opnå."

— Napoleon Hill

Din hjerne er dit største aktiv, men kan også være din største fjende, afhængigt af hvordan du bruger den. Jeg kan give dig planen for, hvordan du bygger en succesfuld virksomhed baseret på dit budskab og din passion, men i sidste ende er det dig, der skal tage action og handle på baggrund af den viden.

For ikke så længe siden hjalp jeg en kvinde i mit mentorforløb, og hun blev ved med at bruge vendingen "jeg kan ikke ..." i forskellige sammenhænge. Da jeg havde hørt det nok gange, svarede jeg hende: "Du har ret, du kan ikke."

Det virkede som lidt af en våd klud, hun havde jo

hyret mig til at hjælpe hende. Hun var ikke bevidst om, at hun sagde det så ofte, som hun gjorde. Hun forventede nogle positive ord fra min side, der fortalte hende, at hun nok skulle klare det. Så hun blev en smule overrasket, da jeg gav hende ret.

"Men hvis du siger, at *du kan*, har du også ret," sagde jeg så. Din hjerne vil altid være enig med dig og arbejde for den beslutning, du har taget. Bliver du ved med at fortælle dig selv, at du ikke kan noget, vil hjernen lukke ned og fokusere på noget andet. Bliver du ved med at sige, at du sagtens kan klare det, også selvom du muligvis er frustreret, vil hjernen kigge efter muligheder og løsninger og arbejde for dig.

Så inden du siger, at du ikke kan noget, så vær lidt mere som Pippi Langstrømpe, der konsekvent brugte mantraet: "Det har jeg aldrig gjort før, så det klarer jeg helt sikkert."

Inden vi starter på den konkrete plan for din virksomhed, har jeg i dette kapitel samlet det vigtigste, du bør vide om det at have det rette mindset, inden du hiver computeren frem og starter arbejdet. Hvis du under arbejdet med din ekspertvirksomhed bliver frustreret eller møder udfordringer – og tro mig, det vil ske – så vend gerne tilbage til dette kapitel, og læs det en ekstra gang.

31

Din tid er begrænset, sælg den ikke

Vi har fantastiske lærere i vores skoler, men hele vores skolevæsen er indrettet til at uddanne gode timelønnede ansatte. Der har igennem de seneste par år været et større fokus på iværksætteri, men dette ændrer ikke på, at langt de fleste vælger det, de mener, er det sikre, og får et almindeligt lønmodtagerjob.

Igennem tiden har jeg talt med mange unge mennesker, der gerne ville starte en virksomhed, umiddelbart efter de blev færdige med deres uddannelse, og i 80 procent af tilfældene anbefaler jeg dem at få et almindeligt job. Både fordi de har godt af at komme ud i det virkelige liv og få noget erfaring, men også fordi det er en god mulighed for at opbygge et netværk uden for studiet.

Hvis du er tilfreds med at arbejde minimum 40 timer om ugen, indtil du er 80 (eller hvad politikerne har hævet pensionsalderen til, når vi engang skal pensioneres), er et lønmodtagerjob en fantastisk strategi. Men kunne du tænke dig at arbejde lidt mindre over tid og måske endda også have lidt flere penge imellem hænderne, er det en usandsynlig dårlig idé at sælge sin tid for penge.

For det første er der en øvre grænse for, hvad en arbejdsgiver vil betale dig i timen. Selv da jeg var selvstændig konsulent og solgte mig selv for ca. 120.000 kroner om måneden, var det svært at komme meget højere op i pris (medmindre jeg virkelig specialiserede mig).

For det andet kan du kun sælge din tid en gang. Når den er solgt, er den væk, forsvundet, forduftet, som i "never coming back". Du kan ikke bruge den tid på noget andet.

Det er en bedre strategi at investere din tid. Altså bruge den på en måde, som gør, at du måske ikke får så mange penge for den her og nu, men som gør, at du efter en periode tjener så mange penge på din investering, at du kan bruge tiden til noget, du hellere vil end at arbejde (eller investere mere tid i din virksomhed).

Hvis du investerede din tid i at lave et onlineprodukt, ville du kun skulle gøre dette én gang. Du ville derefter kunne sælge dit produkt igen og igen.

På et tidspunkt havde jeg en konsulentopgave af tre måneders varighed for en større dansk virksomhed. I samme periode lavede og solgte jeg også et nyt onlinekursus. Det gjorde jeg i weekenden efter at have arbejdet 40 timer om ugen for kunden. Min konsulentopgave gav mig som sagt ca. 120.000 kroner om måneden, så hvorfor ville jeg arbejde på et produkt, der "kun" endte med at give mig en indtægt på ca. 34.000 kroner?

Fordi jeg nu stod med et produkt, jeg kunne sælge igen og igen, og i de første 12 måneder, efter jeg lavede produktet, solgte jeg for mere end 500.000 kroner af kun

33

det ene produkt.

Fra komfortzone til vækstzone

En af mine gode venner, Michael Lassen, er en absolut ninja, når det kommer til mindset, og i stedet for at tale om at komme "ud af sin komfortzone" vender han det altid om og siger, at man går ind i sin "vækstzone".

Det er dejligt og hyggeligt, når man er i sin komfortzone. Her er alting kendt, og man bliver ikke udfordret, men man udvikler sig heller ikke. Jeg har prøvet at udpensle hele planen for dig i denne bog, men når du begynder at arbejde på din virksomhed, vil du helt sikkert også blive tvunget en del ud af din komfortzone.

Men at komme ud af sin komfortzone lyder en smule negativt og måske også lidt farligt. Så prøv i stedet at se det, som om du går ud i din vækstzone, fordi det er, hvad der sker.

Du kan kun udvikle dig selv, lære nyt, blive klogere, introducere nye vaner og skabe noget nyt, når du kommer ud i din vækstzone. Det er helt o.k. ikke hele tiden at befinde sig i sin vækstzone og hele tiden at skulle presse sig selv. Du vil også gerne en gang imellem arbejde med det kendte eller vælte om på sofaen i fosterstilling med en smule savl i mundvigen og stene Netflix (det kunne jeg muligvis godt finde på).

Men du bør acceptere, at du kommer til at tilbringe tid i din vækstzone.

Helt konkret skal du afsætte faste tider i din kalender, hvor du arbejder på din forretningsudvikling. Afhængigt af hvordan dit nuværende liv ser ud, kan det være fra en enkelt aften om ugen og en dag i weekenden til to fulde hverdage, hvor du ikke arbejder for kunder/klienter i din virksomhed.

I denne periode arbejder du med at ekspandere din virksomhed til nye og for dig uprøvede territorier. I denne reserverede tid er det acceptabelt at blive selv meget frustreret, men mind dig selv om, at det kun er i en begrænset periode. Efter denne blok i din kalender er overstået, går du tilbage til din komfortzone og arbejder fx med dine kunder eller slapper af på en måde, der giver mening for dig.

Det er ikke sundt for dig at være presset hele tiden, men når du ved, at det kun foregår på bestemte tidspunkter, og hele tiden ved, hvornår det slutter, er det lettere at acceptere (og måske endda nyde processen).

Og husk også, at det handler om, hvad du fortæller din hjerne, og den foretrækker at være i en vækstzone frem for "uden for komfortzonen". Eller noget, som din reptilhjerne kan forstå: Du er ikke den jagede, du er jægeren.

Handling over strategi

Igennem de sidste 10 år har jeg set, lyttet og konsumeret rigtig mange interviews og biografier med succesfulde selvstændige og iværksættere. Dette har jeg selvfølgelig gjort ud fra en personlig interesse, men også for at se, om de havde nogle vaner eller rutiner, jeg kunne introducere i mit eget liv og min forretning.

En af de ting, som stort set altid nævnes, og som de alle sammen ser ud til at være enige om, er, at en af de vigtigste faktorer i forhold til at få succes (hvis ikke den vigtigste), er at handle.

Ikke forretningsplaner, ikke penge, ikke uddannelse, ikke om du har visitkort eller kender din elevatortale.

Handling!

"Handling er den fundamentale nøgle til al succes."
– Pablo Picasso

Hvis du ikke føler, du når dine mål eller opnår det, du drømmer om, så skal du *ikke* justere dine mål eller dine drømme. Du skal justere dine handlinger!

Jeg kan give dig planen, de forskellige strategier, vise dig værktøjerne, men i sidste ende er det dig, der skal handle. Og det er ikke altid kønt, når der handles. Der spildes æg, ting sættes fast med gaffatape, og ting må gøres flere gange.

For nogle måneder siden hjalp jeg en kvinde med hendes forretning. Jeg havde bedt hende om at bruge en strategi, vi kommer til senere i denne bog, til at få potentielle kunder på sit nyhedsbrev. Hun havde knoklet med at få sat det hele op, men efter et par uger og megen frustration udeblev resultaterne. Da jeg talte med hende, virkede hun opgivende, og det var tydeligt, at hun mente, at hun havde spildt sin tid. Vi kiggede sammen på hendes arbejde, og jeg endte med at bede hende rette bare en enkelt lille ting. Efter et par dage skrev hun til mig og fortalte, at nu kørte det bare. Der kom potentielle kunder fra hendes målgruppe ind på hendes nyhedsbrev på autopilot.

Tænk, hvis hun havde opgivet, da hun mest af alt havde lyst til det … Tænk på, hvor tæt hun var på målet uden at vide det!

Dette er bare et meget lille eksempel, men min pointe er, at selvom du vil opleve udfordringer, og planen ikke altid kan holdes, skal du fortsætte med at handle.

Og det er der en ekstra god grund til …

Renters rente og hvorfor succes er garanteret

Hvis du følger et kort, vil du før eller siden nå din destination. Det kan gå langsomt eller hurtigt, men før eller siden vil du nå frem.

Det er det samme med din virksomhed. Hvis du kontinuerligt fortsætter med at handle og følge kortet, der leder dig igennem det at skabe din ekspertforretning, vil du før eller siden få succes.

Når du bliver ved med at handle i din virksomhed og arbejde målrettet hen imod et givent mål, er det, ligesom når du tjener renter på renter i banken. Den kontinuerlige række af beslutninger og handlinger vil med tiden få dig i mål.

Mange giver for hurtigt op. Det er ikke altid, at man ved, om den magiske kilde er lige på den anden side af den bakke, man står og kigger på. Det er ikke altid, at kortet viser de korrekte afstande, og selvom ens enhjørning er så træt, at man ikke længere kan ride på den og derfor er træt i benene, er det en dårlig idé at give op så tæt på målet.

Ved du, hvordan en torpedo affyret fra en ubåd finder sit mål?

Den zigzagger!

Når den forlader affyringsrøret, bevæger den sig hurtigst muligt hen imod målet. Men torpedoen er smart nok til at vide, at målet muligvis har bevæget sig, siden den blev affyret, så den stopper op, orienterer sig, finder ud af, at målet har flyttet sig lidt til den ene side, og ræser så videre hen imod det. Kun for at stoppe op lidt efter, orientere sig igen og justere kursen. Det er selvfølgelig en computer, der hjælper, og denne sekvens foregår på millisekunder, men dens kurs består af en hel masse zigzag (om end meget små).

Det samme bør du også gøre, zigzagge altså. Du får med denne bog et kort, men det er nødvendigt, at du undervejs hele tiden vender tilbage til kortet og orienterer dig i forhold til, hvor du er nu, og hvordan dine omgivelser ser ud. Herefter justerer du din kurs hen imod målet.

Du ser måske successen, men aldrig det hårde arbejde, der ligger bag. Bliv i sporet, følg skattekortet, sørg for at medbringe godt med småkager, vær god ved din enhjørning, giv den masser af gas, og før eller siden vil du få succes!

5 OM PIRATER OG HEMMELIGE SKATTEKORT

"Du kan enten være et offer af verden eller en eventyrer i søgen efter en skatten. Det hele afhænger af, hvordan du ser dit liv."
— Paulo Coelho

Skal du finde den begravede piratskat, er det en god idé at have solide skovle og hakker, der kan grave i selv den hårdeste jord, et mandskab af blodtørstige og romdrikkende søulke, et skib, der kan fragte dig fra A til B og beskytte dig mod alle de andre af havets pirater, et kompas, der sikrer, at I er på rette kurs, samt rom, krudt og dynamit nok til en mindre krig, bare for en sikkerheds skyld.

Men har du ikke også et skattekort, bliver din rejse ganske kort.

Rigtig mange står i kø med gode råd, fantastiske tip, nye værktøjer og en gang i mellem også en hemmelig strategi til den nyslåede iværksætter.

Der er to problemer i dette. For det første er det ikke sikkert, at disse råd, tip, værktøjer og strategier er i overensstemmelse med dit overordnede mål, og for det andet mangler du det samlede overblik. Hvornår skal man bruge hvad og hvordan?

Lad os se nærmere på det første problem, for nu skrev jeg "i overensstemmelse med dit overordnede mål". Kender du ikke dit mål, er det svært at finde et kort, der tager dig derhen.

Eftersom denne bog viser dig vejen til et mål, er det kun retfærdigt, at jeg også fortæller dig, hvad det mål er:

En profitabel virksomhed, hvor du hjælper flest muligt via dit ekspertbudskab.

Læg mærke til, at jeg ikke skrev "onlinevirksomhed". Vi kommer i denne bog ind på onlineprodukter og onlinemarkedsføring, men du kan hjælpe mennesker på mange forskellige måder. Det er fx en af årsagerne til, at jeg har skrevet denne bog, og jeg elsker at holde fysiske seminarer for hundredvis af mennesker.

Der er bare en helt speciel energi i lokalet, når man er samlet i flere dage sammen om et fælles mål.

Når det er sagt, er det selvfølgelig mine onlineprodukter, der er mine mest profitable produkter, fordi jeg ikke behøver at være specielt meget involveret, når de først er udviklet, og der ikke er udgifter forbundet med dem på samme måde, som der er ved et fysisk seminar af flere dages varighed på et hotel.

Den anden udfordring er at vide, hvornår man skal gøre hvad, men også, hvad man ikke umiddelbart skal gøre, på trods af at "det måske virker for andre". Du har behov for en komplet plan, et kort, der tager dig fra dit udgangspunkt, hvor du er nu, og hjælper dig hele vejen, til du har nået dit mål.

Ligesom du pakker forskelligt tøj til forskellige dele af en rejse, skal du bruge forskellige strategier og værktøjer på forskellige tidspunkter af din rejse mod en profitabel ekspertvirksomhed.

Du har sikkert set de iværksættere, der prøver at gøre alt på samme tid. De er aktive på stort set alle sociale medier, har en YouTube-kanel, et podcast og blogger mere end en 17-årig modeblogger, og alligevel tjener de ikke nogen penge.

Det vil måske overraske dig at høre, at jeg har skabt min drømmebusiness uden en blog, uden en YouTube-kanal, uden et podcast og uden at være særlig aktiv på Facebook (hey, alle elsker billeder af ens børn, right ...).

For nylig hørte jeg om en, der kaldte sig "online

business mentor", der havde droppet at lave webinarer, fordi "de ikke virkede".

Min første reaktion var en kombination af overraskelse og forvirring, da mit primære salgsværktøj hedder webinarer. Efterfølgende tænkte jeg, at hun måske gjorde det forkert eller i hvert fald anderledes, end jeg gjorde.

De rigtige metoder og værktøjer til succes

Fakta er, at ikke alle handlinger, strategier, værktøjer og tip er skabt lige.

Pareto-princippet, også kendt som 80/20-reglen, siger, at 80 procent af resultatet kommer fra 20 procent af indsatsen.

Det vil sige, at 80 procent af din omsætning kommer fra 20 procent af dine kunder, 80 procent af dine resultater kommer fra 20 procent af din markedsføring, mens 80 procent af tiden, du bruger på support, er til 20 procent af dine kunder.

Det gælder altså om at finde de indsatsområder og handlinger, der giver det største resultat. Dette er selvfølgelig dårligt nyt, hvis du er perfektionist, for det betyder også, at det er de sidste 20 procent, der i sidste ende tager al din tid. Det og så selvfølgelig det faktum, at intet nogensinde er perfekt. Alt kan "perfektioneres" yderligere. Jeg har fx bundet mine snørebånd dagligt i ca.

35 år, og jeg er overbevist om, at jeg kunne lære at gøre det endnu hurtigere og binde en endnu bedre knude. Alt kan forbedres.

Senere i bogen kommer jeg mere ind på 80/20-reglen, men lige nu er det bare vigtigt at forstå, at din tid bør bruges der, hvor du får det største resultat, og ikke på de sidste par procenter, der i sidste ende ikke giver dig hverken flere eller gladere kunder.

Det er mit mål med det skattekort, som jeg vil præsentere dig for i denne bog. At du får det største resultat med den mindst mulige indsats. Betyder det, at du ikke skal arbejde? At du ikke skal lære nyt? Nej, selvfølgelig ikke. Jeg kan kun give dig kortet. Du skal selv gribe skovlen og knokle på at få skatten gravet op.

Modellen, jeg vil præsentere dig for i denne bog, hedder ONLINE EXPERT BLUEPRINT™. Ud over at være den model, min egen virksomhed er bygget op om, er det også den model, jeg underviser andre i at bruge.

Her får du et kort overblik over modellen, og i de næste kapitler vil jeg så dykke dybere ned i hvert enkelt trin.

Modellen har flere niveauer og bliver mere deltaljeret, som vi dykker ned i den. På første niveau består ONLINE EXPERT BLUEPRINT™-modellen af fire overordnede områder:

- Platform
- Publikum
- Produkter
- Promovering.

Det skal forstås på den måde, at du først skal have din platform på plads, inden du begynder at tiltrække dit publikum. Ligeledes er det en god idé at have et publikum, inden du begynder at lave produkter til dem. Kan du ikke samle et publikum, der er interesseret i dit budskab, har du heller ingen at sælge til. Endelig er det ikke nok bare at lave dine produkter. De skal også promoveres og sælges.

I resten af bogen går vi kronologisk igennem modellen, og selvom du nok læser hele denne bog, inden du går i gang, kan du også bruge den som opslagsværk og plan, der guider dig trin for trin, når du griber skovlen og starter på at opbygge din virksomhed.

I den første del af bogen skal vi se på, hvordan du skaber din platform. Men hvad betyder det?

For det første skal du vide, hvem din målgruppe er. Det lyder måske basalt, men er dette ikke 100 procent klart, ved du heller ikke, hvilke problemer de har, som du kan hjælpe dem med at løse, og du ved heller ikke, hvordan du skal kommunikere med dem.

Derefter skal du lære min positioneringsformel, der hjælper dig med at skille dig ud fra dine konkurrenter, at kende. Dette er især vigtigt, hvis du er i en branche med mange, der i det mindste på papiret gør det samme som dig, som fx coaches eller bestemte typer af behandlere.

Endelig vil jeg vise dig, hvordan du skaber en professionel hjemmeside, der understøtter dit brand.

I den anden del af bogen vil jeg vise dig præcis, hvordan du tiltrækker et købestærkt publikum på autopilot, også selvom du lige er startet, og ingen endnu har hørt om dig. Dette kan selvfølgelig også anvendes, hvis du allerede er etableret og bare gerne vil have endnu flere kunder.

Så ser vi på, hvordan du skaber kundemagneter, der suger potentielle kunder til din virksomhed. Du har måske hørt begrebet før, men jeg vil vise dig præcis, hvad der virker bedst lige nu, og det er med garanti ikke, hvad du tror.

Så afslører jeg den hemmelige ingrediens, der gør, at de bliver interesseret i at høre mere om dig og dine produkter.

I den tredje del af bogen vil du lære, hvordan du skaber fantastiske onlineprodukter. Ud over selve den tekniske del om, hvilke værktøjer du skal bruge, og hvordan du producerer et fedt produkt, vil jeg også hjælpe dig med, hvilke produkter du skal lave, og hvad de skal koste.

Især det med prisen driller mange. Hvordan bestemmer man, hvad et produkt skal koste? Hvad vil ens publikum give for det? Skal man sætte prisen op eller ned?

Jeg vil blandt andet vise dig strategien til at 16-doble dine priser, ja, jeg ved det lyder vildt, men det fungerer.

Endelig vil jeg i den sidste del af bogen hjælpe dig med at promovere dine produkter. Selvom du har lavet et fantastisk produkt, kommer kunder sjældent per automatik.

Jeg vil hjælpe dig med at lave salgskampagner, der agerer små salgsmaskiner. Hjælpe dig helt ind i dine kunders hoveder og vise dig de psykologiske triggere, der gør, at folk køber.

Ud over det vil jeg vise dig hemmeligheden bag et webinar, der sælger, og hvordan du bruger e-mailmarkedsføring på den rigtige måde, hvor du ikke spammer dine følgere.

Adgang til ressourcer og ekstra indhold

Hvis du kunne tænke dig let adgang til alle de ressourcer, værktøjer og systemer, som jeg nævner i denne bog, samt ekstra videoindhold, der ikke kunne komme med i bogen, kan du finde det hele på http://blivonlineekspert.dk/bonus.

Men jeg ved, at du er spændt på at komme i gang, så lad os hoppe ud i det og se på, hvordan du får etableret din platform som ekspert.

PLATFORM

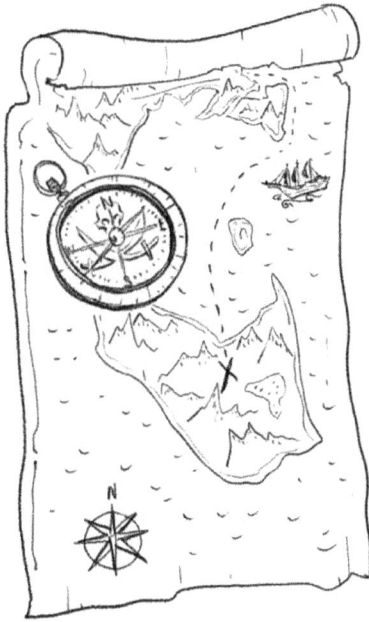

6 INGEN BUSINESS UDEN AT DIN PLATFORM ER I ORDEN

"Jeg tror ikke, at du kan skrive musik, hvis du ikke kan spille på et instrument. Du skal kende det basale, før du kan gå videre."
— *Alber Elbaz*

Ja, jeg ved det. Din platform har aldrig haft det bedre, vel? Denne bog er en komplet model til at opbygge en succesfuld forretning baseret på dit brand og din viden, og derfor skal du også have en solid platform at gøre det fra.

En platform er din forretnings fundament. Noget solidt, som du kan bygge dine produkter og markedsføring oven på. Uden et solidt fundament vil et hus falde sammen, og ligesom et hus skal have et fundament, skal dit brand og din forretning også have en platform at hvile på. Og jo bedre platform, jo mere stabilt bliver huset, du bygger oven på.

Din platform består af to dele:

• Din målgruppe og det problem, du løser for den.
• Din branding og positionering.

Før salg og markedsføring kommer …

Mona er en af mine mentees. Hun har igennem mere end 20 år hjulpet familier med ifølge hende selv "at komme tilbage på sporet efter turbulente tider", hvilket blandt andet betyder, at hun har løst rigtig mange opgaver for kommuner rundt om i landet. Hun kommer typisk meget sent ind i forløbet med en familie, hvor det ikke længere handler om forebyggelse, men om at få det bedste ud af en ofte tragisk familiesituation.

Hun kom til mig med et ønske om at kunne hjælpe flere familier, inden de nødvendigvis havde behov for at involvere myndighederne, altså at kunne fokusere mere på at skabe sunde familier og forebygge, i stedet for at skulle ind når tingene ofte var kørt af sporet, og kommunen var involveret.

Opgaven var derfor, at hun nu skulle introducere en ny målgruppe i sin forretning og samtidig positionere sig som familieekspert.

Den første opgave var altså at definere den nye målgruppe af familier, der gerne vil have hjælp til hverdagen. Udfordringen er, at man ikke bare går ud og siger, at "du er en dårlig forældre, her er, hvad du kan gøre bedre". Det er måske lidt sat på spidsen, men husk på, at Mona gerne ville fokusere mere på forebyggelse. Problemet er bare, at det er svært at tilbyde forældre forbedringsforslag, uden det også indeholder en skjult kritik om, at man ikke gør det godt nok nu. Vi talte meget om dette, især fordi Mona med sin erfaring meget hurtigt kunne identificere de små ting, der ofte kunne vokse til større problemer i børnefamilier. Men hvad gør man, når ens målgruppe ikke selv opfatter dette som et problem? Så bliver man nødt til at tale det sprog, som målgruppen forstår, og italesætte de problemer, de ser.

Så i stedet for at Mona brugte et budskab som "Sådan bliver du en bedre forældre", der mellem linjerne antyder, at man ikke er god nok nu, fokuserede vi mere på de symptomer, som man som forældre typisk oplever i familien. Et eksempel kunne være "Sådan undgår du, at din fireårige går amok, når I er ude at handle efter en lang dag i børnehaven". Mona ved godt med sin lange erfaring, at dette kun er et symptom, og at der er et underliggende problem. Men dette problem er ikke nødvendigvis synligt for hendes målgruppe, der til gengæld ville opfatte det andet som et relativt stort problem, hvis det var et gentagende mønster.

Den anden opgave var at positionere Mona over for denne nye målgruppe, hvilket blandt andet inkluderede, at vi fokuserede meget mere på hendes personlige brand. Dette er generelt noget, der går igen hos de fleste, jeg hjælper, som du vil kunne læse mere om senere. Men vi arbejder med dit personlige brand, da du her er unik.

Havde Mona ikke arbejdet med sin platform, havde det været utrolig svært at lave produkter, som hendes nye målgruppe ønskede at købe.

Alt for mange kaster sig over produktet til at starte med. Traditionelt kunne dette være at starte på at skrive en bog eller lave et onlinevideokursus. Nu vil jeg ikke sige, at det er let at skrive en bog, men når du fokuserer på dit produkt, er du inden for din komfortzone. Du bruger din ekspertviden, som du måske har opbygget over rigtig mange år og derfor føler dig godt hjemme i.

Det er trygt og dejligt at beskæftige sig med noget, man kender, og man udsætter derfor alle tanker om, at produktet også på et tidspunkt skal markedsføres og sælges til rigtige kunder. For mange af dem, jeg hjælper, ligger denne del i høj grad uden for deres komfortzone, og det er derfor let at skubbe det lidt baggrunden og starte med at fokusere på det, man kender, altså produktet.

Nu kan det jo være, at du har 20 års erfaring med salg og markedsføring, og at det er din ekspertise, men er dette ikke tilfældet, er det muligt, at du får lidt koldsved på overlæben, når jeg fortæller dig, at du også skal ud at sælge dit produkt.

Vi skal nok komme til, hvordan du markedsfører og

sælger dine produkter på en autentisk måde, senere i denne bog, men lige nu skal du bare vide, at jo bedre du laver dit forarbejde og bygger din platform op, jo lettere vil dit salgsarbejde være.

Ikke nok med det. Jo mere du fokuserer på at få din platform på plads, inden du begynder at sælge din viden, jo højere priser vil du i sidste ende kunne tage.

De to succesfaktorer

Ved du, hvad alle succesfulde virksomheder har tilfælles?

Det er ikke fantastisk markedsføring, gode medarbejdere, gratis kaffe, fantastisk kantine, lækre visitkort, høje lønninger, lave priser, smart indpakning, hurtig levering eller sågar kundeservice i verdensklasse.

Mange af de ting, jeg lige nævnte, hjælper helt sikkert, og nogle mere end andre, men de deler en dybere og mere fundamental ting.

De løser et konkret problem for en specifik gruppe af mennesker eller virksomheder.

Produkter er reelt ikke andet end løsninger på problemer. Nogen produkter løser et givent produkt bedre end andre. Nogle produkter lover måske mere, end de kan holde i markedsføringen, hvilket i sidste ende vil føre til, at virksomheden går nedenom og hjem, fordi den ikke rigtigt løste det underliggende problem.

Tag fx slankepiller. Der kommer ofte et nyt vidundermiddel på hylderne, og selvom det måske virker på kort sigt og giver et umiddelbart vægttab, løser det ikke det underliggende problem, der for de fleste handler om livsstil, mad- og motionsvaner. Pillen gør ikke kunderne sundere og løser derfor ikke det underliggende problem, der handler om, at forbrugeren ønsker et varigt vægttab.

Jo større og mere presserende problem, jo mere vil dine kunder betale for at få det løst.

Prøv at læse ovenstående sætning igen. Det første giver måske sig selv. Jo større problemet er, desto mere vil dine kunder også gøre for at få det løst. En af disse parametre er, hvor meget de gerne vil betale, men det kan også være, hvor langt de vil bevæge sig for at få problemet løst.

Måske skal du ligesom mig have skiftet dæk på din bil to gange om året. Jeg kunne godt lære selv at skifte dækkene, men jeg er ikke just den handy type, så jeg betaler mig gerne fra at få løst mit problem. Men problemet er ikke kun at få skiftet dækkene. Jeg skal også bruge tid på at køre ud til værkstedet, tid, jeg kunne bruge på andre ting, der er, well ... mere spændende. Men mit problem slutter ikke der. Fire dæk på fælge fylder altså lidt, og mit skur er allerede godt fyldt op med enormt vigtige ting ... også kaldet rod, så jeg ved ikke helt, om jeg kan presse dækkene ind her.

Så lige pludselig er mit problem altså stort, og jeg vil derfor gerne betale mere for at få det løst. Derfor er jeg også lykkelig over at have fundet en virksomhed, der kommer hjem til mig og ud over at skifte dæk også opbevarer dem, indtil de skal skiftes igen. Fordi de løser et større problem (eller rettere flere relaterede problemer), er jeg villig til at betale dem mere.

En anden parameter, der kan have stor indflydelse på prisen, er, hvor presserende det er.

Bare spørg den person, der har fået kyllingesushi og pludselig befinder sig på restaurantens toilet, kun for at finde ud af, at der ikke er mere toiletpapir. Den person ville nok være tilbøjelig til at betale en del mere end et par kroner per toiletrulle, hvis man pludselig befandt sig på den anden side af døren med en rulle i hånden (ikke at jeg opfordrer til, at man pludselig i en sådan situation lægger sin medmenneskelighed på hylden til fordel for at gå i kræmmer-mode).

Omvendt kan det være, at man overvejer at købe en hundehvalp til familien og derfor kigger på forskellige hunderacer med hensyn til temperament, kost, krav til motion osv. Men beslutningen om at købe en hundehvalp behøver ikke at blive taget på et bestemt tidspunkt, og det er derfor ikke et presserende problem, hvilken race man skal vælge.

Så hvis du nu var ekspert i hundeadfærd og skulle

vælge et mere presserende problem, der ikke omhandlede, hvordan man valgte en hund til en given familie, kunne det fx være: "Hvordan din hund holder op med at bide" (eller bliver renlig). Det er typisk problemer, man gerne vil have løst her og nu.

Men hvad med underholdningsindustrien og virksomheder, der sælger noget, vi egentlig ikke har behov for? Hvilket problem løser sodavand egentlig?

Problemet her er tørst, men vand er for de fleste af os i Vesten en gratis ressource, så derfor prøver de store læskedrikvirksomheder (ingen nævnt, ingen glemt) at få det til at handle om alle mulige andre behov/problemer, fx at man bliver ekstremt populær hos det andet køn eller god til sport, hvis man drikker en masse vand med sukker og kunstige smags- og farvestoffer.

Den anden del af sætningen "Jo større og mere presserende problem, jo mere vil dine kunder betale for at få det løst" handler om, hvem du løser problemet for. Måske ved du, hvem din målgruppe er, eller måske har du en idé om det.

Overraskende mange, jeg hjælper, har ikke fået dette defineret bare i nærheden af godt nok. Jo bedre du kender dem, du hjælper, jo bedre kender du deres problem. Og i sidste ende bliver det også meget lettere at adressere dem i din markedsføring.

Derfor er første trin at finde ud af, hvem du hjælper

med hvad. Det lyder banalt, men når du har denne viden, tager dine produkter udgangspunkt i dine kunders reelle behov, og derfor kan du i sidste ende også sælge produkterne.

Jeg talte på et tidspunkt med en coach, der havde svært ved at finde deltagere til et gratis arrangement. Personen havde i denne forbindelse brugt overskriften "Kunne du tænke dig succes?" på tilmeldingssiden. Tror du vedkommende havde succes med helt bogstaveligt at give dette arrangement væk?

Næh, der var næsten ingen tilmeldte i forhold til målet. For hvad er succes? Vi kan vel godt være enige om, at "succes" er et positivt ord, og at vi i sidste ende gerne "vil have det". Men hvilken type succes er der tale om? For hvem? Er det succes i at blive en god kammerat på lilleputfodboldholdet, der træner en time hver tirsdag eftermiddag? Succes som selvstændig? Succes i jobbet? Succes i parforholdet?

Problemet var, at coachen selv mente, at der var en mere generel opskrift på succes, men personen, der så denne titel, ville på ingen måde føle sig ramt af ordene. Havde titlen i stedet været fx "Sådan får I mere sex, glæde og overskud i jeres ægteskab på fire uger, også selvom I har små børn og krævende jobs", havde det været helt tydeligt, hvem der blev talt til, og hvilket problem man kunne få hjælp til at få løst.

Det er sjovere at være nummer 1 end 50

Den anden del af din platform er din positionering i markedet. Jeg vil introducere dig til min Positioning[3] Formula, der sikrer, at du for det første skiller dig ud på markedet i forhold til dine konkurrenter, men også i sidste ende gør, at du vil blive opfattet som en langt større ekspert inden for dit felt og i sidste ende kan tage flere penge for dine produkter og services.

Du kan løse de samme problemer som dine konkurrenter, du kan sågar have mange af de samme produkter. Så i sidste ende handler din positionering om, hvordan du får skabt et billede af dig selv som den førende ekspert inden for dit felt hos din målgruppe.

I 2015 blev en virksomhed, der laver farvede plastikklodser, kåret som det mest kraftfulde brand. Danske LEGO® vippede i Brand Finances årlige rapport Ferrari af pinden, der var nummer et året før. Man skulle tro, at en virksomhed, der i 2015 havde en omsætning på knap 36 milliarder kroner, ville have nogle konkurrenter, der kunne tænke sig en bid af et lukrativt marked, men spørg dig selv, om du overhovedet kender en eneste konkurrent, der sælger plastikklodser. LEGO®s positionering i markedet er simpelthen så unikt, at det dominerer sit marked og i dag har overgået en anden legetøjsmastodont, nemlig Mattel, i omsætning.

Når man starter som selvstændig, løber de fleste ud og får sig en hjemmeside med det samme. Nogle får deres 14-årige coladrikkende, kælderboende, flaskedrengsarbejdende, computerspillende, underbuksevendende nevø til at hjælpe med at sætte noget op, andre bruger alle de penge, de ikke har i opstarten, til at få nogle professionelle til at hjælpe.

Lige meget hvor mange penge du bruger på din hjemmeside, er den alene ikke din positionering. Den kan være enormt flot designet, og det i sig selv kan indikere en professionelisme, men i dag er det overkommeligt for de fleste af få en pæn hjemmeside. Så hvis du regner med, at hjemmesiden er det, der skal skille dig ud fra dine konkurrenter, er det op ad bakke.

I dag har alle dine konkurrenter også en hjemmeside, og mange af dem har flere penge at bruge på den, end du har.

Den gode nyhed er, at du ikke nødvendigvis skal bruge mange penge for at skille dig ud og blive positioneret rigtigt. Det handler i langt højere grad om at være unik og autentisk, da dette ikke er noget, dine konkurrenter kan kopiere.

For at sige det lidt mere filosofisk, så er det kun dig, der kan være dig ...

Med min Positioning[3] Formula vil vi arbejde med din positionering på tre forskellige akser, og bruger du alle tre, vil du hurtigt skille dig ud og efterlade dine konkurrenter i støvet.

Men lad os starte med at dykke dybere ned i, hvordan du finder din målgruppe, og det problem, du løser for dem.

7 DEM DU HJÆLPER OG DERES PROBLEMER

"Formuleringen af et problem er ofte
mere essentielt end dets løsning, der
blot er et spørgsmål om matematik
eller eksperimentering."
— *Albert Einstein*

I 2015 var der ca. 810.000 danskere med et fitnesscentermedlemskab. Faktisk er det næsten en fordobling i forhold til 2006, hvor "kun" 460.000 havde et medlemskab.

Med knap 600 centre fordelt over hele Danmark er fitnessindustrien med alt det, der følger med, blandt andet tøj, kosttilskud, magasiner og bøger, big business.

Men hvis du tænker, at fitnessindustrien i Danmark er en interessant størrelse, så kunne du lige tage et kig over på den anden side af Atlanterhavet. I 2014 omsatte fitnessindustrien i USA for 84 milliarder amerikanske dollars (ca. 562 milliarder danske kroner).

Så hvad gør man, hvis man er en ung, håbefuld blogger, der interesserer sig for fitness? Hvordan trænger man igennem den massive mur af etablerede bloggere, der allerede har tusindvis af besøgende, og medievirksomheder, der har millioner af dollars til markedsføring?

Det var den udfordring, Steve Kamb stod over for i 2009. I dag har han mere end en million unikke besøgende på sin fitnessblog om måneden (og har bygget en ganske fornuftig virksomhed op omkring den).

Men hvordan er det lykkedes Steve at få så meget succes i en branche med så mange spillere og konkurrenter? Svaret er hans laserfokus på at ramme en helt speciel målgruppe. Hvis jeg nu fortæller dig, at hans blog hedder NerdFitness.com, kan du så gætte, hvem han henvender sig til? Hans tagline er "Level up your life" med en tydelig reference til de computerspil, mange i hans målgruppe bruger deres tid på.

På hans "Om NF"-side står der som det første: "I help desk jockeys, nerds, and average Joes level up their lives."

Så i en industri, hvor man mest ser smukke unge modeller (af begge køn) med synlige mavemuskler, valgte han at henvende sig til en lidt overset gruppe mennesker.

En gruppe, der efter lange dage foran computeren, virkelig har behov for at røre sig, men som ikke blev adresseret af den traditionelle fitnessindustri.

Hele sproget på hans hjemmeside henvender sig til "nørder", og han kender sin målgruppe ekstremt præcist. Ud over tydelige referencer til spilindustrien er det heller ikke toptunede modeller, der er plastret ud over hele hans side.

Fx er der ikoner med sværd, økser og magi, når han taler om at lave "sin egen karakter". Et begreb, der typisk bruges i rollespil, hvor man spiller en karakter med unikke færdigheder. Han har taglinen "Level up your life", der både kan hentyde til, at man gerne vil have mere ud af sit liv, men igen også til spilindustrien, hvor det er normalt, at en karakter i et spil, et rumskib, en hær osv. stiger i "levels", eller niveauer på dansk.

Han taler direkte til sin målgruppe i et sprog, som de kan forstå og ræsonnere med. De føler sig set, forstået og hjulpet. Og det er hemmeligheden bag Steves store succes.

Men hvad kan du så lære af Steves succes? Jo bedre du kender din målgruppe, desto lettere vil de være både at finde, men også at ramme med din markedsføring.

Du skal ikke hjælpe alle

Desværre er målgruppeanalysen ofte det, man springer lidt hurtigt over. For man skal jo i gang med at lave produkter, ikke? Eller også kan det være, at du allerede har skrevet et par ord ned om din målgruppe? Eller måske har du det hele inde i hovedet? Eller måske er det alle de andre, der "er som dig"?

Når man starter som selvstændig, vil man bare gerne have omsætning, og man kan derfor fristes til at hjælpe alle de mennesker, der træder over dørtærsklen til ens virksomhed. Det er også helt fint, jeg skal bestemt ikke fortælle dig, at du skal sige "nej tak" til kunder, der ønsker at købe noget af dig. Men jo mere præcist du henvender dig til en fastdefineret målgruppe i din markedsføring, jo flere af denne type vil du tiltrække.

I langt de fleste brancher kan man sagtens specialisere sig yderligere og stadig have nok kunder. Problemet er nærmere, at de fleste ikke specialiserer sig nok.

For mange år siden, da jeg gik i gymnasiet på den københavnske vestegn, gik jeg i klasse med en pige, der var aktiv i timerne, lavede sine lektier og havde et aktivt liv med venner og fritidsaktiviteter. På en ung, lidt usikker dreng som undertegnede (der nok ikke brugte helt nok tid på lektierne) virkede det egentlig, som om hun havde godt tjek på skolen. Til en klassefest faldt jeg i snak med hende, til at starte med nok mest af alt, fordi hun var en køn pige, og jeg efter fem-seks øl havde fået drukket mig mod til.

Det skyldtes muligvis alkoholen, men vi endte i hvert fald med at falde i en dyb snak om, hvad der skræmte os i livet. På trods af at hun var godt med i skolen (væsentligt bedre med end undertegnede), fortalte hun mig, at eksamener kunne slå hende fuldstændig ud. Hun kunne ikke forklare det rationelt, men hendes hjerne snørede fuldstændig til, og hun begyndte at ryste, så snart hun trådte ind i et eksamenslokale. Trods min lettere beruselse kan jeg stadig huske, at jeg blev temmelig overrasket over, at den ellers så selvsikre pige i den grad led af eksamensangst.

Jeg må tilstå, at jeg ikke helt kan huske, om hun endte med at få hjælp for det, men spørg dig selv: Hvis du led af eksamensangst, ville du så helst gå til en behandler, der arbejdede med fobier og angst generelt (måske blandet med lidt rygestop), eller en behandler, der ikke havde lavet andet end at behandle andre med eksamensangst de sidste 20 år? Ja rigtigt, den sidste.

Vi kommer senere i bogen til at kigge på, hvordan du positionerer dig, så du lettere tiltrækker kunder og i sidste ende også kan tage højere priser for dine ydelser, men du skal bestemt ikke underkende, at du kan positionere dig betydeligt ved at være meget specifik om, hvem du hjælper.

Beskriv din ønskekunde

Hvordan definerer du din målgruppe, og hvornår er den defineret "nok"?

Du kan selvfølgelig sætte en masse ord på din målgruppe, men prøv i stedet bare at lave en "persona" på din ønskekunde. En fiktiv person med navn og det hele, der indeholder alle de elementer, din yndlingskunde ville have. Start gerne med at give denne fiktive person et navn. Herefter går du ellers i gang med at beskrive personen i deltaljer, alt fra alder til køn og bopæl, men også familieforhold, uddannelse, arbejde og fritidsinteresser. Du kan også tilføje en liste over de vigtigste værdier, personen måtte have.

Jeg har en ven, der konsekvent omtaler sin persona Louise, som var hun en rigtig person, og man kan nogle gange blive lidt i tvivl om, om det er usynlig ven, der aldrig forlod ham i seksårsalderen, eller en person, han selv har defineret på papir. Men det betyder også, at han ved præcis, hvem hans bedste kunde er. Hvordan han kan nå hende, og hvordan han skal kommunikere med hende.

Når du ved, hvem du henvender dig til, er det tid til at se på, hvilke problemer din målgruppe har, og som du kan være behjælpelig med at løse.

Din ønskekundes største problem

Du har nok allerede en idé om, hvilke problemer du kan hjælpe med, men ved at lave arbejdet med din målgruppe tager du nu afsæt i rigtige menneskers rigtige problemer i stedet for at fokusere på, hvad *du* kan tilbyde.

Hvis du tager udgangspunkt i, hvad du kan (og vil) arbejde med, er det ikke sikkert, at du reelt løser din målgruppes største problemer. Og hvis dine produkter og services ikke tager udgangspunkt i din målgruppes reelle problemer, får du ikke succes som selvstændig.

"Skal jeg kun løse et problem? Jeg hjælper jo folk med rigtig mange ting i dag …"

Det lyder måske underligt, men jo mere du specialiserer dig, jo lettere vil det være at tiltrække kunder.

Lad mig give dig et eksempel. For noget tid siden led jeg under spændingshovedpiner et par gange om måneden, hvilket gjorde, at jeg ikke kunne meget andet end at ligge på sofaen og prøve at slappe af. Fangede jeg det i opløbet, kunne det enkelte gange klares med et par hovedpinepiller, men som oftest forsvandt hovedpinen først efter en god nats søvn.

Meget af mit arbejde foregår foroverbøjet over min computer ved et skrivebord, så jeg besluttede mig for at finde en massør, der kunne hjælpe mig.

Jeg fandt derfor et sted i nærheden af mit kontor, der tilbød massage. Til stedet var der tilknyttet seks-syv massører, der hver især havde deres specialer, og da jeg læste ned igennem deres beskrivelser, faldt jeg over en, der var specialiseret i spændingshovedpiner.

Hvem tror du, jeg valgte?

Egentlig kiggede jeg "bare" efter en massør, men her var der en, der var specialiseret i præcis det problem, jeg havde. Hun kunne sikkert også en hel masse andet, men spændingshovedpiner var noget, hun var særlig god til.

Det gælder helt sikkert også dig. Du har forskellige ekspertiser og erfaringer, og du bør specialisere dig og vælge en type eller kategori af problemer. Det kan være, at du er bange for, at der ikke er nok kunder, men virkeligheden er, at du faktisk vil tiltrække langt flere kunder, da de vil søge din ekspertise.

På et af mine onlineforløb har jeg hjulpet en kvinde, der var ekspert i "hovbalance". Det vidste jeg slet ikke, var "en ting". Men ligesom mennesker kan nogle heste åbenbart også have problemer med at træde skævt og … ja … det er vist det. Jeg aner faktisk ikke en pind om "hovbalance".

Men hvor der er rigtig mange, der behandler heste, hvor mange tror du så, er eksperter i, hvordan den træder? Og havde din hest et problem i denne retning, hvem ville du så gå til? Dyrlægen, der arbejder med alt fra gnavere til zebraer, eller til "hovbalance"-eksperten?

Den største trussel er ikke, at du vælger et for snævert problem at fokusere på, men nærmere, at det ikke bliver snævert nok. Du kan jo altid starte med at fokusere på et helt bestemt problem, udvide efter et par år og så tage endnu en ekspertrolle på dig inden for et andet område.

Det kan være, at du stadig er lidt i tvivl om, hvad din ekspertise er, og hvad det er, du skal hjælpe din målgruppe med. Hvis dette er tilfældet, er her et par spørgsmål, du kan stille dig selv. Så find en blok frem, og skriv svarene ned.

1) Hvornår kan du glemme alt om tid og sted?

Når vi arbejder med noget, vi elsker, eller bruger tid på en hobby, vi er passioneret om, kan vi blive så opslugt, at vi glemmer, at der skal købes ind til børnenes madpakker, at vi havde en aftale med en ven på en café, at der kom håndværkere, som skulle lukkes ind osv.

Når dette sker, plejer det at være en temmelig god indikation på, at du laver noget, du holder af, og, som jeg tidligere har været inde på, er det en god idé at vælge et emne, du er passioneret om.

2) Hvad fortæller andre dig, at du er god til?

Ofte kan vi have blinde vinkler i forhold til os selv, vi tager måske vores viden for givet og tillægger den ikke større værdi. Når man har beskæftiget sig med noget i 10 år, kommer det måske let til dig, men ikke nødvendigvis til andre, der lige er startet (eller måske kun har to års erfaring). Derfor er det en god idé at spørge andre om, hvad det er, du er fantastisk til.

3) Hvilket emne giver dig mere energi, når du taler om det/beskæftiger dig med det?

Jeg hjalp på et tidspunkt en kvinde, der lyste helt op, når hun talte om at brodere. Det var egentlig bare en hobby, men det var tydeligt, at det gav hende energi, både når hun talte om det, og når hun rent faktisk sad og arbejdede med det.

Det var derfor klart for os begge, at hun skulle inspirere og hjælpe andre, der enten broderede eller ville i gang med det.

Nu har jeg vist dig, at din målgruppe, og hvad du hjælper dem med, langt hen ad vejen kan bruges til at skille dig ud fra dine konkurrenter. Det kalder vi din positionering, altså hvordan du positionerer dig til andre i dit marked.

Dette var kun begyndelsen, og selvom det er utrolig vigtigt, at du får defineret din målgruppe og deres primære problem, vil jeg over de næste kapitler vise dig en avanceret positioneringsstrategi, som stort set ingen bruger.

Det kan være, at en enkelt af dine konkurrenter bruger en lille del af den, men sandsynligheden for, at de bruger den hele, er uhyggelig lille. Og gør de det, har de nok læst denne bog eller været på et af mine seminarer.

8 DIN POSITIONERING BESTEMMER HVAD DINE KUNDER VIL BETALE

"Positionering er ikke, hvad du gør med produktet, men hvad du gør ved sindet på den potentielle kunde. Det er, hvordan du differentierer dit brand i sindet."

— *Al Ries*

Din positionering vil i sidste ende afgøre, hvor høje priser du kan tage for dine produkter og services.

Læs lige det igen!

Arbejder du strategisk med din positionering, vil du kunne tage langt højere priser end andre i din branche.

For et par uger siden sad jeg og talte med en klient, der igennem flere år har arbejdet som hypnoterapeut og i denne periode har hjulpet rigtig mange klienter med blandt andet fobier og angst.

"Jamen, hvis jeg hæver mine priser, vil jeg miste mine klienter til mine konkurrenter," sagde hun.

"Om du taber klienter eller får flere, kommer kun an på én ting," var mit svar, "hvordan du positionerer dig."

Positioneringen handler om, hvordan du (og dit brand) opfattes af dine potentielle kunder.

For mange år siden flyttede en af mine studie-kammerater sammen med sin kone til USA for at arbejde for Nokia. Kort efter de var flyttet, blev konen gravid, og som så mange andre førstegangsforældre ønskede de også at få den bedst mulige graviditet og fødsel. Da han havde fået en ganske fornuftig sundhedsforsikring af sin arbejdsgiver, kunne han sammen med sin kone konsultere den bedste fødselslæge i staten, der havde skrevet flere fagbøger om emnet og underviste nye fødselslæger.

Umiddelbart ville de fleste nok gå til ham, hvis man havde valget, men i et system, hvor man skal betale for sundhedsydelser, var det de færreste, der kunne betale for hans rådgivning.

Var han rent faktisk den bedste fødselslæge i staten? Det ved jeg ikke, men hans potentielle kunder opfattede ham som dette, og da han ikke kunne arbejde med alle dem, der ville have hans hjælp, gjorde det, at han kunne hæve sine priser i forhold til den gennemsnitlige fødselslæge.

Det kan være, at du allerede selv mener, at du er den førende inden for dit fag, men hvis dine potentielle kunder ikke er klar over det, kan du ikke tage mere end dine konkurrenter.

Den førende i landet inden for et givent område kan let tage 10 gange af, hvad nummer to kan! Vi husker, hvem den førende er, ikke hvem der er den fjerdebedste.

"Jamen Rasmus, jeg er muligvis ikke den bedste i landet … Der er andre, der er bedre end mig …"

Super, jeg værdsætter din ærlighed, men kan reelt ikke bruge det til så meget. Husk på, at det ikke handler om, hvor god du er til dit fag, men hvordan din målgruppe opfatter det.

Jeg kan vise dig, hvordan du kan positionere dig bedre end den bedste i din branche! Du vil i dine potentielle kunders øjne blive opfattet som en større ekspert, men det er klart, at kan du i sidste ende ikke hjælpe dine kunder, vil du stå med en masse utilfredse kunder.

Som udgangspunkt forudsætter jeg, at du kan hjælpe dine kunder med din viden og din ekspertise. Med andre ord: at du kan levere varen.

Positioning³ Formula

Modellen, jeg vil introducere dig for, er Positioning³ Formula, der angriber din positionering fra tre unikke vinkler, og den bruger det, andre ikke kan kopiere: DIG SELV.

Når du forstærker dit autentiske jeg, skiller du dig med det samme ud fra alle andre, og det er den bærende strategi bag Positioning³ Formula. Lad mig bryde modellen ned i de tre hovedelementer.

Dit brand:

Det første element handler om dit brand. Altså de billeder og ord, du sender til din målgruppe. Branding er ikke noget nyt, men med introduktionen af sociale medier er personlig branding blevet noget helt andet, end det var for bare 5-10 år siden.

Der er ingen, der kan tage dit udseende og din måde at kommunikere på fra dig. Det er helt unikt for dig, og derfor er det også det første, vi bruger i forbindelse med din positionering.

Din historie:

Det næste, vi arbejder med, er din eksperthistorie. Hvordan endte du, hvor du er i dag? Hvad lærte du af det, og hvordan kan du bruge den viden til at hjælpe andre?

Som mennesker tiltrækkes vi af historier, fra de tidligste overleveringer, inden der var et skriftsprog, til i dag, hvor film får usandsynligt store budgetter til at fortælle de samme historier, vi tidligere nøjedes med at læse i bøger. Historier kan engagere vores følelser, hvilket kan få os til at gøre skøre ting som fx at købe produkter.

Vi dykker mere ned i din eksperthistorie, men som du sikkert kan se, er det umuligt for andre at kopiere netop *din* historie.

Din ekspertmodel:

Endelig skal vi kigge på din unikke måde at hjælpe dine kunder på. Det er din ekspertmodel. Altså din model for at få din målgruppe til et ønsket resultat via en fastdefineret proces. Du kan se din ekspertmodel som dit unikke kort til en fastdefineret destination.

Igen et element, der er unikt for netop dig og din virksomhed.

Når du forener disse tre elementer, vil du have en unik positionering, der skiller dig ud i markedet og efterlader dine konkollegaer i støvet.

I de næste tre kapitler går jeg i dybden med hvert af disse tre elementer.

9 DIT PERSONLIGE BRAND

"Dit personlige brand er, hvad folk siger om dig, når du ikke er i lokalet."

— Chris Ducker

Hvis du ikke er et teknisk vidunder, kan det være, at du skal have (eller har fået) hjælp til at lave din hjemmeside.

Som jeg skrev tidligere, er den første indskydelse ofte at gå til en teknisk person, når man skal have en hjemmeside. Det ser jeg tit, men problemet er, at en hjemmeside ikke længere er et teknisk projekt. Målet er ikke bare at få en hjemmeside koste, hvad det vil.

Derimod er et af målene med din hjemmeside at brande og positionere dig. Den dårlige nyhed er, at de fleste tekniske personer ikke aner ret meget om dette. Så du ender med at få en hjemmeside – og tillykke med det – men den er tæt på ubrugelig, hvis du vil opfattes som eksperten i din branche.

Så er der en gruppe mennesker, der går til en webdesigner, altså en person, der ikke nødvendigvis ved noget om teknik, men har helt styr på æstetikken.

Her vil du ofte få et pænt og professionelt resultat, der til gengæld også hurtigt kan koste mange penge.

Udfordringen er, at du muligvis ender med noget, der ser lækkert ud, men som ikke viser dit unikke jeg. Det gør dig ikke unik, at du kan betale en god designer. Dette er derfor heller ikke et krav.

En god hjemmeside er derfor ikke "bare" et pænt design, men derimod en, hvor du fjerner alle barrierer imellem den besøgende og dit autentiske jeg. Ja ja, jeg ved det. Nu bliver det en lille smule abstrakt.

Nøglen til den gode hjemmeside er at bruge store flotte billeder af … ja, dig selv. Det lyder måske simpelt, men ofte har man måske ikke lige et billede liggende, og så ender man med at putte et billede, der ligner noget fra et årskort til Zoologisk Have, på "Om mig"-siden.

Eller også finder eller køber man billeder på nettet, man synes er smukke/relevante/o.k./bedre end ingenting. På denne måde vil du sikkert ende med en hjemmeside, der ser pæn ud, men ikke en, der skiller sig ud.

Du behøver ikke at bruge alle dine sparepenge på en fotograf. Du har helt sikkert en amatørfotograf i dit netværk, der ville elske at komme ud og teste sit gear af. Og selvom du ikke har en fotonørd i den nærmeste omgangskreds, er det stadig bedre at få taget nogle billeder med kameraet i din vens mobiltelefon end ikke at have dem.

Jeg er ikke efter billeder af dig med morgenhår, inden du har fået kaffe og børstet tænder, men billeder behøver heller ikke være perfekte studiebilleder, hvor du har siddet tre timer hos en makeupartist inden.

Hellere billeder af dig i dit naturlige element, billeder, der på en eller anden måde fortæller en historie. Det er faktisk svært at gøre med studiebilleder, omvendt er disse gode, fordi man ofte let kan fjerne baggrunden og redigere en anden ind.

Så få nu taget nogle gode billeder af dig selv. Brug dem aktivt på din hjemmeside og i din markedsføring. Du er unik, og det kan dine konkurrenter ikke tage fra dig.

Vær ikke bange for at vise, hvem du er. Det er sjældent, man hører om nogen, der fejler, fordi de har for meget selvtillid.

Langt størstedelen af de hjemmesider, jeg ser på, har alt for meget tekst og så måske lige et enkelt lille billede i pasfotostørrelse på "Om mig"-siden. Du ved, et af de billeder, der ligner en hjort, der er fanget midt på vejen og stirrer lige ind i billygterne. Vores syn trumfer alle vores andre sanser, og derfor vil dine hjemmesidebesøgende huske den (og dig) langt bedre, når du bruger mange billeder.

Hvis får en information, vil du efter tre dage kun huske 10 procent af den. Tilføjer du et billede, vil du huske 65 procent. På den måde er vores hjerne optimeret til billeder, og når du læser en tekst, vil den se ordene som en masse små enkeltstående billeder, hvilket kræver en del "processering", hvis vi bruger en analogi fra computerverdenen.

Man mener, at grunden til, at synet spiller en så stor rolle, er, at det historisk set har været måden, man identificerede større trusler, mad og tja ... "reproduktive muligheder" på.

Når du ikke bruger billeder aktivt, men i stedet har meget tekst, tvinger du dine besøgende til at skulle bruge meget mental energi på at læse det hele. Dette er nok også en af årsagerne til, at det er de færreste, der rent faktisk "læser" hjemmesider. Muligvis fordi der efterhånden er så meget indhold på nettet, "scanner" vi for det meste de hjemmesider, vi besøger, for at finde ud af, om indholdet er relevant. På den måde kan vi vælge at dykke ned i noget af det eller hoppe videre til den næste hjemmeside (eller en dansende kat på Facebook).

Blåt hår og piercinger

En kvinde, der i høj grad "rocker helt ud" på sit brand, er Kimra Luna, der med sit blå hår, piercinger og tatoveringer ikke er arketypen på en onlineiværksætter. Hun er med raketfart gået fra at være hjemmegående mor til to, der boede hos svigerfamilien efter krisen ramte USA, til at have 38.000 på sit nyhedsbrev og omsætte for mere end 2.000.000 amerikanske dollars på kun to år!

Hun har ikke nogen tidligere skoling eller erfaring inden for området, alligevel er det blandt andet branding, hun hjælper sine kunder med.

Hendes vækst har været eksplosiv i en branche med rigtig mange konkurrenter. Og hun har gjort det uden at have en blog, uden at producere en hel masse gratis indhold. Er det så autentisk at have blåt hår, piercinger og tatoveringer, eller er det bare selviscenesættelse? Hvis det nu var en facade, hun hev frem, når der skulle tages billeder, så ja, men hun så lige sådan ud, da hun stadig boede hos svigerfamilien. Det er hendes autentiske jeg. Hun har fået taget billeder, som hun er. Faktisk kunne man tro, at hun måske ville overveje at tone det hele lidt ned, når hun nu skulle hjælpe selvstændige med deres virksomhed, virke lidt mere professionel. Men nej, tværtimod skruer hun op for hele rock and roll-temaet på sin hjemmeside med blinkende spots og et publikum med hænderne over hovedet.

Hendes blå hår er nærmest blevet hendes signatur, og man husker hende på grund af det. Hvad er det, man skal huske dig for? Hvad er det gennemgående i dit brand? Jeg siger ikke, du skal farve håret, men tænk over, hvad der gør dig unik i din visuelle identitet, og som dit publikum og kunder vil huske dig for.

At man kan føle dig i dit markedsføringsmateriale, herunder din hjemmeside, er vigtigere end et "pænt design".

10 STJERNEN I DIT EGET LIV

"Mennesker er ikke ideelt sat op til
at forstå logik, de er ideelt sat op til
at forstå historier."
— Roger C. Schank

Den anden del af Positioning³ Formula er din eksperthistorie. Din fortælling om, hvad du gik igennem for i dag at være i en situation, hvor du kan hjælpe andre.

Din historie vil altid være unik, der er ingen andre, der har været igennem præcis det samme som dig. Din historie vil indeholde følelser, dit publikum vil kunne resonere med og huske dig bedre for. Din historie viser din sårbarhed og i sidste ende en autenticitet, der gør dig til en "rigtig" person i dine potentielle kunders øjne.

Hvis du bare gik ud og sagde, "jeg har løsningen på XYZ", så ville det være helt naturligt at tvivle på, om det nu også kunne være rigtigt. Du kan jo reelt sige hvad som helst. Men fortæller du historien om, hvordan du selv havde et problem, der på det tidspunkt virkede uoverkommeligt, hvordan du kæmpede for at finde en løsning på det, og hvordan du til sidst havde succes og fik løst problemet, ikke kun for dig selv, men også for andre, der havde samme problem, vil du i højere grad få aktiveret følelserne hos dit publikum. Når de forstår baggrunden for løsningen, vil de også tro mere på dig og vise dig større tillid.

Harvard-psykologen Ellen Langer har fundet ud af, at vi i langt højere grad er tilbøjelige til at gøre nogen en tjeneste, hvis vi får en begrundelse. I et af sine forsøg lod hun en forsøgsperson prøve at springe over i køen til en fotokopimaskine. I de tilfælde, hvor forsøgspersonen gav en årsag til, at vedkommende skulle til før personen foran i køen, fik han eller hun lov i 94 procent af tilfældene. Dette kunne være så simpelt som at slutte forespørgslen af med "… fordi jeg har travlt". Når der derimod ikke blev givet en årsag til, at man ville møve sig foran i køen, lykkedes det kun i 60 procent af tilfældene.

Det er grunden til, at jeg ofte deler min egen historie om min opvækst og min rolle som far. Den er med til at forklare, hvorfor jeg har indrettet min virksomhed, som jeg har, hvorfor jeg kalder mig selv livsstilsiværksætter, og hvorfor min rolle som far er så vigtig for mig.

Du har muligvis hørt om Chris MacDonald. Enten via et af hans mange foredrag eller hans bøger eller gennem TV-projekter som "Chris på chokoladefabrikken" og

"By på skrump". Chris er passioneret om sit budskab om at leve et sundt liv og har igennem en lang årrække været synlig i det danske mediebillede.

Hans historie går ligeledes tilbage til barndommen i Seattle, hvor han var en lille "splejs" og ofte blev mobbet i skolen. Dette ændrede sig, da han kom i gymnasiet, hvor han startede med at ro, hvilket i sidste ende tog ham helt til det amerikanske landshold i disciplinen. Dette var dog ikke slutningen for Chris, der satte sig for at udfordre sig selv og derfor tilmeldte sig Race Across America, et 5.000 km nonstopcykelløb på tværs af USA, der går for at være verdens hårdeste løb. Rytterne cykler i op til 12 døgn, hvor de tilbringer mere end 21 timer i sadlen hvert døgn.

På trods af at det var første gang, han deltog i løbet, endte Chris ikke bare med at gennemføre, hvilket i sig selv er en kæmpe præstation, men kom ind som nummer to.

Det kan kræve styrke og mod at være ærlig og åben om sig selv og sin historie, men pointen er, at vi bliver draget af historier, og når nogen går forrest og fortæller dem, vil vi som en anden narkoman have mere.

Du behøver hverken at have haft kræft eller besteget Mount Everest eller cyklet på tværs af USA for at have en god historie. Mindre kan sagtens gøre det. Selv hverdagsbegivenheder kan blive gode fortællinger, som du kan bruge til at positionere dig selv unikt.

Din eksperthistorie er din centrale fortælling om, hvordan du kom til det sted, du er i dag. Se bare min historie om at være far.

Den gode historie

Der findes en række forskellige plottyper, men en simpel skabelon, du kan bruge, er følgende:

• Før-situation. Hvordan så dit liv ud, og hvad var det primære problem, inden du fandt løsningen?

• Rejsen. Hvad skulle du igennem for at finde løsningen på dit problem?

• Løsningen. Hvad var løsningen, du fandt på din rejse, og hvordan hjalp den dig?

• Efter-situation. Hvordan ser dit liv så ud nu? Hvad er det, du kan, som du ikke kunne før?

1. Din "før-situation" omhandler, hvor du var i dit liv, inden du begyndte at søge efter en løsning. Her er dit fokus selvfølgelig på de dele, der ikke fungerede. Var du gået ned med stress? Havde du ligesom mig fået dit første barn? Var du i et job, du hadede? Typisk har der været en eller anden forløsende faktor, der gjorde, at du ændrede noget i dit liv og begyndte at fokusere på den retning, du nu er ekspert i.

Du var sikkert frustreret, og tag gerne alle dine følelser om dette med. Der er helt sikkert nogle i dit publikum, der sidder med de præcis samme frustrationer.

2. På "rejsen" beskriver du den proces, du var igennem for at finde løsningen på din frustration eller dit problem. En sådan rejse forløber aldrig, som den skal. Ofte er man overbevist om, at man står foran en løsning, kun for at blive ramt af virkeligheden og efterfølgende skuffelse. Prøv at tænke tilbage på den sidste film, du så. Helten i historien gik ikke igennem de halvanden til to timer uden at blive mødt af modstand, vel? Det ville simpelthen have været for kedeligt. Dette gælder både for de nyeste romantiske franske kærlighedsfilm og tju-bang action-film fra 80'erne med Arnold, Willis og Stallone.

3. På et tidspunkt på din rejse finder du så løsningen på den frustration eller det problem, du havde. Det kan være, at du arbejder målrettet efter at nå et mål, det kan være, at du tilfældigt falder over løsningen, det kan være, at du får hjælp fra en uventet side.

Det er her, forløsningen i historien kommer. Husk på, hvor frustreret du var til at begynde med. Hvor meget du har knoklet for at finde løsningen, og nu er den her endelig. Hvad var det, der gjorde, at du endelig fandt løsningen? Hvad var løsningen?

4. Når du har beskrevet løsningen, fokuserer du på, hvad den har haft af betydning for dig i "efter-situationen". Hvad var det umiddelbare resultat? Hvad

var resultatet på længere sigt? Hvordan har løsningen ændret dit liv, dit arbejde/din virksomhed?

Ofte vil du have fået nogle umiddelbare resultater, men der vil også altid være afledte resultater.

Det kan være, at du ikke mener, at din historie er særlig interessant, men prøv at lade dit publikum være dommer i denne forbindelse. Husk, at din historie er det, der gør dig unik.

Det er vigtigt at sige, at din eksperthistorie ikke er det samme som en "elevatortale", hvis du har hørt det begreb før. Det handler ikke om at kunne præsentere sig på under et minut. Din historie handler om dybde og følelser. Hellere en lang, følelsesladet historie end en kort, der kun opridser fakta.

Sådan bruger du din eksperthistorie

Du skal bruge din eksperthistorie, hver gang du interagerer med dit publikum. Den skal være på din "Om mig"-side, der i øvrigt vil være en af de mest besøgte sider på din hjemmeside. Prøv at huske tilbage på de sidste mange "Om mig"-sider, du har besøgt. Her vil der ofte have stået noget om, hvilken uddannelse de har taget, måske endda også noget om, hvad deres joberfaring er. Alt sammen noget faktuelt korrekt, men ikke noget, der gør dem unikke.

Du skal bruge din historie til at positionere dig, når du

holder seminarer, webinarer, workshops og kurser. Jeg bruger fx et par minutter på at fortælle min historie, når jeg holder webinarer, og lidt mere til mine seminarer.

Din eksperthistorie er din isbryder, der sejler foran dig og bryder isen, og hvor det kan være svært at engagere følelser udelukkende med dit visuelle brand, kan din unikke historie i den grad vække din målgruppes følelser.

I det næste kapitel skal vi se på den tredje del, du skal bruge til at positionere dig som ekspert. Ligesom din historie er den unik for dig og din virksomhed og ikke noget, dine konkurrenter kan kopiere. Den gode nyhed er, at dine konkurrenter med stor sandsynlighed ikke kender strategien og, selvom de gør, slet ikke bruger den.

11 MODELLEN DER LØSER DIN KUNDES PROBLEM

"Vi er, hvad vi gentagne gange gør.
Ekspertise er ikke en handling, men
en vane."

— *Aristoteles*

Den tredje del af Positioning[3] Formula er noget, de færreste bruger, hvilket er en skam, for her kan du virkelig komme op på den store klinge ekspertmæssigt. Hvis du gerne vil være førende i din branche, er denne strategi virkelig vigtig at implementere.

Din ekspertmodel beskriver, hvordan du hjælper din målgruppe med at nå et givent resultat. Det kræver seriøst arbejde fra din side, og det er de fleste ikke rigtig parate til.

Nu skriver jeg "seriøst arbejde", men faktisk behøver det ikke tage særlig lang tid. Du skal ikke ud af din kontorstol, og det kræver heller ingen investering. Det kræver dog, at du bruger indersiden af hovedet på en struktureret og logisk måde.

Du skal lave en ekspertmodel.

Din model for at løse din målgruppes problem

En ekspertmodel er en visuel repræsentation af de trin eller faser, din målgruppe skal gå igennem for at nå et givent resultat. Modellen er altså din unikke proces for at sikre dine kunders resultat.

Lad mig give dig et eksempel. Du har måske hørt om Debbie Ford, der indtil sin død i 2013 arbejdede med skyggesider. Et arbejde, der nu bliver videreført, fordi hun nåede at uddanne et væld af coaches i sin ekspertmodel "The Shadow Process", der på det overordnede plan består af tre trin:

- Unconcealing (afdæk)
- Owning (tag ejerskab)
- Embracing (rum alt, hvad er du).

Dette er hendes unikke ekspertmodel, og den kan ingen tage fra hende. Man kan prøve at kopiere den, men det vil aldrig være originalen. Hun oplærte andre i modellen, der her efter hendes død stadig bruger den, men alle ved, at det stadig er hendes model.

Med en ekspertmodel til at løse din målgruppes problem vil du med det samme skille dig ud fra alle dine konkurrenter, der ikke har en fast formel for, hvordan de hjælper deres kunder eller, hvad værre er, måske endda følger en andens model i deres arbejde.

Det er helt normalt, hvis man fx er uddannet som life coach. Det nemmeste er at følge de modeller, man har lært under sin uddannelse. På denne måde er det dog utrolig svært at adskille sig fra alle de andre life coaches, der bruger den præcis samme model.

En af mine store helte er Tony Robbins, der om nogen er en fantastisk coach. Hans baggrund er i Neuro Lingvistisk Programmering (NLP), men hvis du læser hans bøger, vil du lægge mærke til, at han ikke nævner NLP med et ord. Han har udviklet flere forskellige modeller for at hjælpe sine kunder på tværs af sine produkter.

Sådan laver du din egen ekspertmodel

Hvad kendetegner så en ekspertmodel? En ekspert-model skal have følgende karakteristika:

* Et navn
* Tre-syv trin
* En grafisk repræsentation.

Så snart du giver noget et navn, har det en identitet, så bliver det virkeligt. Derfor er det vigtigt, at du giver din model et navn. Det kan fx være, at du har Røg til Røgfri-modellen, der hjælper med rygestop i fire simple trin. Med et navn kan du positionere din model over for din målgruppe. Dette er en vigtig pointe. I stedet for at brande og positionere dig selv kan du skubbe din ekspertmodel foran dig og positionere den.

Som jeg skrev i introduktionen, giver denne bog dig en introduktion til min Online Expert Blueprint™, der hjælper dig med at positionere dig som ekspert online.

Vil du vide mere, vil jeg anbefale dig at deltage på mit intensive seminar af samme navn, som du kan læse mere om her: https://rasmuslindgren.dk/oeb.

Der er ikke noget rigtigt eller forkert, når det kommer til at navngive din model. Det er helt op til dig, men vælg gerne noget, der ikke er for langt og er til at huske.

Trinene i din model

Efterfølgende skal du definere de trin, som din målgruppe skal gå igennem for at nå til det ønskede resultat. Du skal have minimum tre og maksimalt syv trin. Har du mindre end tre trin, vil modellen virke lidt tynd, og man kan ikke have en model med kun ét trin. Men det kan være, at du undrer dig lidt over de maksimale syv trin. Det kan være, at du efter at have listet alt, hvad din målgruppe skal igennem, er endt med flere trin end syv.

Tallet syv er vigtigt, fordi hjernens arbejds-hukommelse kun kan adressere syv (+/- to) ting. Derfor kan man hurtigt miste overblikket, hvis der er flere trin eller punkter.

Det er så her, du skal arbejde. Det er din opgave at få tilpasset din proces til de tre til syv trin. Du skal selvfølgelig ikke fjerne vigtige trin i din model, men til gengæld kan din model bestå af flere niveauer.

Fx er der fire primære områder i ONLINE EXPERT BLUEPRINT™, men under hvert punkt er der yderligere fire underpunkter.

Du kan reelt have lige så mange niveauer, som du ønsker, i din model, men typisk vil der være to-tre niveauer. Husk også, at det kan være svært at vise flere niveauer rent grafisk, hvilket i øvrigt også er det sidste kendetegn for en ekspertmodel.

Den grafiske repræsentation

Du skal have en grafisk repræsentation af din model. For at gøre det let for dig selv er det en god idé at starte med kun at få det første niveau i din model layoutet. Men på sigt er det en god idé at få tegnet hele din model grafisk op.

Per Puck har været igennem et af mine programmer

og har udviklet ekspertmodellen Leadership Mindset™, der hjælper nye ledere med at finde sig tilpas i deres nye rolle. Per har igennem en lang årrække arbejdet med uddannelse af nye ledere og især personer i ekspertroller, der bliver forfremmet til også at skulle have lederansvar og pludselig skal kunne uddelegere opgaver, som de ofte føler, kun de kan løse.

Den overordnede model består af fire punkter.

1. Rollen (ny leder)
2. Personlig styrke (selvbevidsthed)
3. Fokus (medarbejderne)
4. Vision (plan)

Hvert punkt er delt op i tre underpunkter, der udgør niveau to i modellen. Det giver ikke mening at bruge plads på at vise dig alle elementerne i Pers ekspertmodel, men herunder kan du fx se, hvad "Rollen" består af på niveau to:

ROLLEN (ny leder)
1. Færdigheder
2. Prioriteter
3. Værdier

I arbejdet med modellen var Per igennem tre iterationer. Det første udkast havde rigtig mange trin, hvilket hurtigt blev uoverskueligt. Den anden version gav et meget bedre overblik, men "føltes bare ikke rigtig", som Per sagde.

Jeg har flere gange været ude for, at dem, jeg hjælper, har skullet sove på det. I et af mine programmer var der en kvinde, der, flere uger efter at hun havde udviklet sin ekspertmodel, pludselig proklamerede, at hun havde fået en mindre åbenbaring, da hun vågnede den morgen. Hun havde derfor smidt sin ekspertmodel ud og lavet en helt ny, som føltes så meget rigtigere.

Så din ekspertmodel er den proces, som du hjælper dine kunder igennem, for at de kan nå deres mål, men som du kan se fra mine eksempler, er det også vigtigt, at den føles rigtig for dig. At du kan genkende dig og din måde at arbejde på i modellen.

Det er vigtigt at understrege, at stort set ingen bruger denne strategi. Dette er derfor en relativt let måde at stå ud på i forhold til dine konkurrenter eller andre i markedet.

Husk på, at en ekspertmodel kun kan henvende sig til én målgruppe og hjælpe dem med at opnå et bestemt resultat.

Arbejder du med flere målgrupper, eller giver du dem flere forskellige resultater, er løsningen flere ekspert-modeller. Men start nu med én ekspertmodel. Løs et problem ad gangen, og gå i dybden med det.

PUBLIKUM

12 ETHVERT BRAND HAR BRUG FOR ET PUBLIKUM

*"En skuespiller uden et publikum
øver bare."*
— Sarah Wayne Callies

Dit publikum. Smag lige på ordet. Det handler ikke om, at du pludselig skal være et popidol, og din professionelle karriere bedømmes på, hvor mange minibarer du kan tømme, og antallet af smadrede hotelværelser. Men enhver succesful virksomhed består af to ting.

"Hva'? Er der ikke lidt mere i det end kun to ting?" Jo, der er også hårdt arbejde. Der er også noget helt generelt, som en hvilken som helst virksomhed har behov for, lige meget om det er en Føtex i en forstad, en Gucci-butik på Strøget i København eller din ekspertforretning.

Du skal have 1) trafik og 2) et konverterende tilbud.

Med trafik mener jeg, at uden potentielle kunder, der ser dit tilbud, er der i sidste ende ingen, der vil købe noget af dig. Du kan have verdens bedste produkt, der kan redde dine potentielle kunders liv, men ved du ikke, hvordan du får det produkt foran dem og får overbevist dem om, at dit produkt er revolutionerende, har du reelt ingen virksomhed.

Omvendt kan det være, at du har en masse, der kommer forbi din butik, om den så ligger online eller er fysisk. Det kan være, at medierne elsker dig, og du får gratis markedsføring, men hvis ingen i sidste ende køber de produkter, du har på hylderne, har du ligeledes ingen virksomhed.

Når vi taler om onlinemarkedsføring, er det relativt let at lave et opslag på fx Facebook og tiltrække noget midlertidigt trafik, men for at du også har en virksomhed i morgen, har du behov for et system, der kan blive ved med at sende dig trafik, og at du kan konvertere den trafik, der kommer ind, til kunder.

Har du en kombination af potentielle kunder (trafik) og et produkt, de ønsker at købe (konverterende tilbud), vil du have succes.

Al trafik er ikke lige meget værd

Nu er al trafik ikke skabt ens. Der er som altid to parametre: 1) kvalitet og 2) kvantitet. Det er blandt andet grunden til, at huslejen på en butik på Strøget i København er en anelse højere end på en sidegade til Hovedgaden i Hobro.

Og her mener jeg ikke et eller andet københavnersnobberi, men der er simpelthen flere mennesker med flere penge klar til shopping på Strøget. Ikke at folk er rigere i København end i Hobro, men derimod at der bliver brugt flere penge på Strøget.

Når en supermarkedskæde åbner et nyt supermarked, sker det altid på baggrund af beregninger af, hvor mange der bor i den umiddelbare nærhed, og hvor mange andre butikker der er til at betjene den samme kundegruppe. Når man så også har tal for, hvor meget en person og hustand bruger på indkøb om året, er det en relativt let beregning, der indikerer, om det kan betale sig at åbne en butik på den givne placering eller ej.

For mange onlineforretninger er trafik tæt på den hellige gral. Dette skyldes, at man langt hen ad vejen har mere kontrol over det tilbud, man fremsætter. Altså sit produkt. Hvis produktet ikke sælger, kan man prøve at pakke det anderledes ind, ændre noget i sin markedsføring. Derimod kan man ikke altid kontrollere, hvem der lige falder over ens hjemmeside til at starte med.

Nu sætter jeg det lidt på spidsen, for der er selvfølgelig trafikstrategier, og det vil jeg vise dig om lidt. Men da man ikke kan få for meget relevant trafik, er det ofte noget, man har et stort fokus på.

En ting er at få dit tilbud ud foran vindueskiggerne, men hvordan kan du sælge dine produkter? Der er en del psykologi i salg, noget, vi skal se på senere i denne bog, men en af de vigtigste ting, du skal vide om det at sælge, er, at dine kunder for det meste skal se dit produkt adskillige gange, inden de er klar til at købe.

Der er mange parametre i et køb, og det er klart, at dit impulskøb af en plade chokolade, da du var nede at handle sidst, ikke kræver helt så meget overvejelse, som hvis du skulle købe en ny yacht.

Derfor er det relevant at se på, hvilke type produkter du skal sælge. Ekspertprodukter koster ofte mellem 500 og 50.000 kroner, og derfor er det ikke sikkert, at dine kunder køber første (og måske eneste) gang, de hører om dit produkt.

Det vigtigste våben i dit arsenal

Vi har behov for at kunne varme de potentielle kunder op til et salg, og her bruger vi det absolut bedste værktøj i vores arsenal: et nyhedsbrev.

Nu behøver du ikke blive angst og tænke på alle de nyhedsbreve, du pludselig skal skrive. Det er ikke det, det handler om. Lad os i stedet bruge ordet "liste". En liste over dine potentielle kunder, der kunne være interesseret i dine produkter. Det engelske ord for en potentiel kunde er et "lead". Du skal altså bruge en liste over leads i din forretning.

En liste over potentielle kunder er et aktiv i din forretning. Noget, du ejer, og som har relativt stor værdi i din virksomhed. Du ejer selvfølgelig ikke en persons e-mailadresse, men du "ejer" retten til at kontakte vedkommende via e-mail, hvilket er pretty damn fedt.

Når en person tilmelder sig dit nyhedsbrev, betyder det samtidig, at vedkommende er interesseret i dit emne og derfor også indirekte dine produkter. Det er derfor helt i orden, at du markedsfører dine produkter over for denne person. Du kender det nok, når en af dine Facebook-venner inviterer dig til at synes godt om hans eller hendes side eller, Gud forbyde det, tilføjer dig til en lukket gruppe, han eller hun har stiftet. Uheldigvis gør Facebook det utrolig let at invitere sine venner til sin side, og jeg har personligt fået enormt mange invitationer til sider, som på ingen måde er relevante for mig, fordi personen skyder med spredehagl og inviterer hele sin venneliste i håb om at få lidt likes. Jeg kan måske finde på at like siden, hvis det er en af mine nære venner, men er det længere ude, en bekendt, bliver jeg mere irriteret, fordi det bare er irrelevant støj.

Dette ville svare til at stille sig op til en social sammenkomst med en masse, man ikke kender, og råbe ud om sine produkter i en megafon. Man bliver hurtigt temmelig træt af en sådan person.

Omvendt forholder det sig med dit nyhedsbrev. Her

har personerne valgt dig til. De er interesseret i dit budskab, har aktivt rakt hånden op og valgt at modtage dit nyhedsbrev. Det er derfor helt i orden, at du markedsfører dine produkter over for dem, da det er personer, der er interesseret i dit budskab og typisk vil søge løsninger på det problem, du hjælper din målgruppe med.

Det er vigtigt at understrege det juridiske element i nyhedsbreve. Man må *kun* sende nyhedsbreve til personer (eller virksomheder), der aktivt har accepteret at modtage det. Alt andet er spam og straffes med bøde. Så ikke noget med at smide alle dine eksisterende kontakter ind på dit nye nyhedsbrev, den går ikke. Du kan heller ikke købe en liste af e-mailadresser fra en anden person eller virksomhed og så selv starte med at udsende e-mails til dem. Modtageren har kun accepteret at modtage e-mails fra den anden part, ikke fra dig, og dette vil derfor også blive tolket som spam.

Men ud over at du kan få kedelige bøder for at gøre det, er det bare heller ikke god stil!

Ud over dette skal der også være en let måde at afmelde sig dit nyhedsbrev på. Denne funktion er dog i alle "nyhedsbrevssystemer", og du skal normalt ikke gøre noget for, at dine nyhedsbrevsmodtagere kan afmelde sig.

Det kan være, at du allerede i dag har et nyhedsbrev og måske ikke helt kan se det fantastiske i det, eller det kan være, at du måske synes, du sidder i den anden ende og modtager alt for mange nyhedsbreve, der ikke tilføjer den store værdi. Jeg kan berolige dig med, at du ikke skal være en "spammer", der sender ubrugelige e-mails til dine modtagere. Det er ikke den slags e-mails, vi skal sende.

Jeg ved, der er mange, der nævner et eller flere af deres produkter i stort set alle deres nyhedsbreve. Ikke at dette er en dårlig idé, jeg bruger bare en anden strategi og sælger reelt kun til de personer, der har vist en eller anden form for interesse i mit produkt på forhånd. Derfor vil modtagere af mit nyhedsbrev primært se, at jeg giver en masse værdi og en masse gratis tilbud og ikke spammer med tilbud, som de sikkert allerede har set flere gange.

Men den strategi skal vi nok komme til senere. Lige nu er det vigtigt, at du forstår, at du skal have en liste over potentielle kunder. Jo større den liste er, jo større er din potentielle omsætning i din virksomhed. Sælger du for en million kroner om året med en liste på 3.000 mennesker, så vil du kunne sælge for det dobbelte, hvis du har 6.000 på den.

Det øjeblik du begynder at sælge produkter, vil du kunne lave et simpelt regnestykke, der viser, hvor meget et "lead" er værd i din virksomhed. Hvis vi bruger ovenstående tal (der er i den absolut realistiske ende), er et lead 1.000.000/3.000 = 333,33 kroner værd.

Derfor vil du tjene 333,33 kroner om året, hver gang du får tiltrukket en ny potentiel kunde, såfremt dit tilbud fortsætter med at konvertere det samme som før. Når du har dette tal, kan jeg love dig for, at du pludselig bliver mere interesseret i trafikarbejdet eller måske endda at optimere din salgsproces og konvertere flere til kunder.

I de næste par kapitler vil jeg vise dig strategien til, hvordan du tiltrækker potentielle kunder til din liste på autopilot og derved opbygger et publikum, der er klar til at høre om dine produkter og købe af dig.

13 KUNDEMAGNETEN DER SUGER KUNDER TIL DIN VIRKSOMHED

*"Du har ikke en forretning, hvis du
ikke har en potentiel kunde."*
— *Zig Ziglar*

Jeg har dårligt nyt. Nu har jeg jo lige fortalt dig, at du
skal lave et nyhedsbrev, men faktisk er der ikke rigtig
nogen, der gider modtage endnu et nyhedsbrev. De
fleste af os modtager allerede flere nyhedsbreve, end vi
har tid til at læse, og for det meste fylder disse typer af e-
mails bare op i vores indbakke.

Vi har luret, at tilmelder vi os et nyhedsbrev, vil vi
primært modtage reklamer for de produkter, siden vi
tilmeldte os på, nu måtte have. De færreste ønsker flere
reklamer.

Derfor skærer det også i øjnene, når jeg ser en
hjemmeside med teksten "Tilmeld dig mit/vores
nyhedsbrev". Det er sjældent, at en sådan tekst giver de

helt store resultater, men værre er det, at personen eller virksomheden bag næsten aldrig ved, hvor mange der giver deres e-mailadresser med denne tilmeldingsmulighed. Mit bud vil være langt under en procent af de besøgende.

Jeg hjalp en kvinde på mit 12-ugers mentorforløb, der havde brugt syv år på at få 600 mennesker på sit nyhedsbrev. Efter vi begyndte at arbejde sammen, fik hun i løbet af lidt over en måned yderligere 5.000 tilmeldinger (dette er bestemt ikke et typisk resultat, men på ingen måde umuligt, og jeg har set flere, der har fået tusinder af tilmeldinger i løbet af en periode på en måneds tid).

Dette var på ingen måde enden på tilmeldingerne. Hun får løbende nye e-mailadresser på sit nyhedsbrev på baggrund af den strategi, vi lavede til hende. Jeg har allerede fortalt dig om værdien af en potentiel kunde på dit nyhedsbrev. Så 5.000 tilmeldinger på et nyhedsbrev kan omsættes til en millionomsætning i de fleste brancher.

Selv brugte jeg hele tre måneder på at få de første 1.200 på mit danske nyhedsbrev, men havde jeg vidst, hvad jeg ved i dag – og som jeg vil lære dig om lidt – kunne dette være gået meget hurtigere.

Dit mål er altså at få din målgruppe til at tilmelde sig dig nyhedsbrev, men uden at spørge dem, om de vil tilmeldes. Ja, jeg ved det, det lyder lidt underligt. For at få dette til at lykkes må vi bestikke dem. Vi laver en såkaldt kundemagnet, noget, som dine potentielle kunder rigtig gerne vil have, og som vi giver til dem, der tilmelder sig.

Det er grunden til, at du sikkert har set flere give fx e-bøger væk gratis, når man tilmelder sig deres nyhedsbrev.

Nu behøver din kundemagnet ikke at være en e-bog, det vigtige er, at det er noget, din målgruppe rigtig gerne vil have. En kort guide, en video (eller flere), en tjekliste osv. Det er klart det letteste at give et digitalt produkt væk, da leveringen af dette er let og sker helt automatisk. Giver du et fysisk produkt væk, vil der typisk være en kostpris samt udgifter forbundet med at sende det til modtageren. Men værdien af en potentiel kunde på dit nyhedsbrev, kan være det værd.

Kvinden, der fik mere end 5.000 personer på sit nyhedsbrev, havde lavet en kort "pixibog" omhandlende sit ekspertområde. Det var egentlig en fysisk bog, som hun havde fået trykt en masse af, men den version, hun gav væk for at få folk på sit nyhedsbrev, var en digital version af den fysiske bog (en PDF-fil).

Det vil sige, at hun ikke havde udgifter forbundet med kundemagneten eller leveringen af denne.

Gør din kundemagnet til et must have

Men hvad gør en kundemagnet god? Det vigtigste, du skal vide, er, at det handler om "opfattet værdi". Det gælder om at få den opfattede værdi i dine potentielle kunders øjne så højt op som muligt. Jo højere de opfatter værdien af din kundemagnet, jo mere vil de have den, og jo større er sandsynligheden for, at de vil dele deres e-mailadresse med dig for at få den.

I det nedenstående vil jeg give dig nogle måder at hæve den opfattede værdi af din kundemagnet på.

1. Angrib din målgruppes største problem

Du kan sikkert hjælpe din målgruppe med flere forskellige problemer, men med din kundemagnet bør du adressere deres største problem, da dette vil være det vigtigste for dem at få løst. Det er vigtigt, at du ser på problemet, som dine potentielle kunder ser det. Hvis nu du fx hjælper småbørnsfamilier med gode råd og tip, oplever du måske, at det er et problem, at forældre ikke er gode nok til at sætte grænser for deres poder. Men som forældre ser vi ikke nødvendigvis samme problem, vi er i hvert fald fantastiske forældre, der allerede sætter masser af grænser hele tiden.

Du bliver nødt til at se på, hvad symptomet på de manglende grænser er, og italesætte dette. Det kunne fx være en kundemagnet, der hed noget i retning af "Sådan undgår du, at din treårige går amok, når I er nede at handle", noget, jeg tænker, er en situation, de fleste småbørnsforældre enten har prøvet eller generelt ikke har lyst til at opleve. Det kan godt være, at kunde-magneten omhandlede at sætte grænser (inden man overhovedet kom til supermarkedet), men det er ikke, hvad forældrene mener, er problemet.

Det er derfor vigtigt, at du laver en kundemagnet, der taler til det problem, din målgruppe ser, ikke hvad du via din ekspertise ved, er det egentlige, underliggende problem.

2. Introducer din ekspertmodel

Din kundemagnet er et godt tidspunkt at introducere din ekspertmodel på. Husk på, at din model er en proces, der fører til et resultat. Du behøver ikke gå i dybden med den i din kundemagnet, men du kan derimod gennemgå det første niveau af modellen og give din målgruppe den overordnede model/strategi til løsningen af deres problem.

På denne måde vil du også via ekspertmodellen positionere dig i forhold til din målgruppe, der nu ved, at du har en helt unik proces til at hjælpe dem med deres problem.

Det er ikke et problem at give din ekspertmodel væk på dette tidspunkt. Husk på, at en kundemagnet sjældent er et større produkt. Der er altid nogen, der gerne vil gå dybere og have mere hjælp af dig, så ved at du kun introducerer dem til det første niveau af modellen, har du stadig masser, du kan bruge i dine produkter, som vi kommer til i senere kapitler.

3. Professionelt "fysisk" design

Det er en god idé at vise de besøgende din kundemagnet, men når man modtager en e-bog, er der typisk tale om en PDF-fil. Det i sig selv er ikke særlig sexet. Derfor er det også en rigtig god idé at få din PDF-fil til at ligne et rigtigt fysisk produkt.

Du har sikkert set mange billeder af e-bøger, der var lavet, så de lignede en rigtig bog. Det skyldes, at fysiske produkter har en højere opfattet værdi end "bare" en PDF-fil. Det er derfor vigtigt, at du får lavet et lækkert design og får lavet en tre-d-repræsentation af dit produkt.

Lad nu være med at få lavet noget grafik til en 30-siders e-bog, der ser ud, som om den har 300 sider. Jeg har ofte siddet og kigget på en fantastisk flot bog, der virkelig så lækker ud, kun for at modtage en 10-siders PDF-fil. Det er helt o.k. at lave en kundemagnet på 10 sider, den kan helt sikkert virke lige så godt som en e-bog på 200 sider, men der skal være kongruens mellem det, man viser, at folk får, og det, de rent faktisk får leveret.

Underkend ikke værdien af også at imponere dem, der downloader din kundemagnet. Hvis også indholdet er lækkert layoutet og formateret, viser du dine potentielle kunder, at det, man får fra dig, er professionelt og ikke bare ligner et standard Word-dokument.

Hemmeligheden om kundemagneter

Nu vil jeg fortælle dig en hemmelighed. Det er ikke noget, mange taler om, men det er vigtigt for mig, at du forstår det.

Din kundemagnet vil på mange måder repræsentere et quick-fix, der ikke rigtigt kan hjælpe din målgruppe i dybden. Faktisk er der helt sikkert en masse, der slet ikke vil åbne og læse/se din kundemagnet, selvom de tilmelder sig med deres e-mailadresse. Det kan sågar være, at de downloader den med henblik på at læse den senere, men aldrig rigtig kommer tilbage til den, fordi de allerede har 10 andre e-bøger på deres harddisk, de heller ikke har fået læst endnu.

Det ville være vidunderligt, hvis du kunne lave en kundemagnet, der kunne hjælpe alle i din målgruppe og potentielt ændre verden. Men langt hen ad vejen handler en kundemagnet mere om at få en dør på klem, så du kan begynde at opbygge et forhold til den potentielle kunde, så du senere får mulighed for at gå i dybden med denne, typisk via et produkt, du sælger kunden.

En kundemagnet vil ofte inspirere og hjælpe dine potentielle kunder til at indse, at der faktisk er en løsning på deres problem. At de så ikke altid handler på baggrund af denne viden, er ofte svært at forstå, men vid, at du får muligheden for at hjælpe dem senere.

Jeg har rigtig mange, der har været på mit nyhedsbrev

i over et år og så pludselig beslutter sig for, at nu er tiden kommet til at købe et af mine produkter. Nu er timingen rigtig for dem, nu er de klar til at handle på baggrund af det, de måske blev inspireret til af min kundemagnet.

Du behøver ikke kigge meget rundt på nettet for at finde gode kundemagneter, men lad mig give dig et par eksempler.

Helle Dyrby Høy har lavet "Pixibog i præsentations-teknik – sådan får du succes med dine præsentationer og oplæg". En lille sag på ca. 20 sider, der giver læseren 13 konkrete tip til deres næste præsentation. Hun har også valgt at få den trykt som en fysisk lille bog, hun kan give væk i forbindelse med fx foredrag, men som de fleste vælger at modtage i PDF-format, når de tilmelder sig hendes nyhedsbrev.

En anden, mere utraditionel kundemagnet kommer fra Lene Bornemann, der hjælper virksomheder med at få bedre kundeservice. Hun har derfor lavet kundemagneten "Få branchens bedste kundeservice", der består af nogle skemaer, der hjælper virksomheden med at blotlægge de indsatsområder, de skal fokusere på i deres kundeservice.

Selv har jeg lavet flere kundemagneter, men jeg vil alligevel nævne "Tjeklisten til et succesfuldt webinar", hvor jeg giver læseren min egen tjekliste, som jeg følger, hver gang jeg holder et webinar (som jeg har holdt en del af). En relativt simpel guide på kun syv sider, men som leverer stor værdi for en person, der gerne selv vil i gang med at holde webinarer.

Dit nyhedsbrev er som sagt et aktiv, og du bliver nødt til at have en kundemagnet for at bestikke din målgruppe til at komme på det.

Jeg vil senere introducere et system for dig, hvorfra du ud over at kunne sælge dine produkter også vil kunne styre din nyhedsbrevsliste og potentielle kunder i din forretning.

14 POTENTIELLE KUNDER PÅ AUTOPILOT

*"Målet med at drive trafik til din
onlinevirksomhed er at få kunder."*
— Marc Ostrofsky

En kvinde skrev til mig efter at have været på et
todagesseminar med mig. Hun skrev for at fortælle mig,
at hun havde gjort, hvad jeg havde sagt, hun skulle gøre,
og det havde virket temmelig godt.

Hen over julen, på lidt mere end en uges tid, havde
hun fået 600 personer på sit nyhedsbrev. Hun var altså
gået fra ikke at have en forretning til at have 600
potentielle kunder på lidt over en uge. Det er klart, at
ikke alle dem, der kommer på et nyhedsbrev, i sidste
ende vælger at købe et produkt, men udfordringen er, at
vi ikke nødvendigvis ved, hvem der ender med at blive
vores bedste kunder.

Men hvis bare 10 procent ender med at købe for

2.000 kroner på et år, så vil det være et salg på 120.000 kroner i omsætning, kun på baggrund af de personer, der kom på hendes nyhedsbrev hen over julen.

Nu er du nok nysgerrig efter at høre, hvad det var, hun gjorde, men inden jeg deler strategien, hun brugte, vil jeg først fortælle dig om de tre forskellige typer af trafik.

For ligesom det ikke er alle på ens nyhedsbrev, der køber, så er det heller ikke alle, der hører om dit nyhedsbrev, der ender med at tilmelde sig. Såfremt en fast procentdel af de personer, der ser din kundemagnet, ender med at tilmelde sig dit nyhedsbrev, gælder det, at du reelt ønsker så meget trafik som overhovedet muligt. Lad mig give dig et eksempel. Hvis 50 procent af dem, der ser din kundemagnet, tilmelder sig dit nyhedsbrev, er det klart sjovere at have 10.000, der ser kundemagneten, end 200.

Derfor er trafik også en af de "hellige graler", hvis man da kan tale om en sådan i flertal, indenfor onlinemarkedsføring. Det er dog værd at bemærke, at der er forskel på kvaliteten af trafik. Al trafik er ikke skabt lige. Du er nok enig i, at en person i din målgruppe, der ser din kundemagnet, er mere relevant end en bjergbonde fra Uzbekistan, der bruger nettet for første gang (og som i øvrigt ikke kan læse din side, da han ikke kan dansk).

Eksemplet er selvfølgelig en ekstrem kontrast, men

det er klart, at personer, der matcher din målgruppe præcist, vil konvertere bedre end en person, der ikke er i din målgruppe.

Som du sikkert husker, er det ene element i en succesfuld virksomhed, at du kan drive konsistent og relevant trafik til din forretning (eller, når vi er på nettet, dine sider).

De fem typer af trafik

Der er fem forskellige typer af trafik, jeg vil bede dig overveje, og som jeg vil gå i flere detaljer med i det nedenstående: direkte, henvist, organisk, betalt og social trafik.

1. Direkte trafik dækker over dem, der går direkte ind i deres browser og taster adressen på hjemmesiden ind. Det er bestemt en smuk tanke, men i virkelighedens verden sker det sjældent. Man vil typisk se denne type trafik, såfremt man laver meget offline markedsføring. Dette kunne fx være, hvis du har delt en masse flyers ud. Generelt er det dog svært at få offline markedsføring til at virke i en onlineverden, og der er andre trafiktyper, der virker bedre i forhold til hurtigt at få potentielle kunder på dit nyhedsbrev.

Denne type trafik ender næsten altid på din forside, og det kan være svært at lede besøgende til andre sider, da man sjældent kan huske lange webadresser. Samtidig vil din forside ofte være relativt generel og ikke nødvendigvis tage højde for, at de besøgende, der kommer ind på denne måde, fx har set noget specifikt markedsføringsmateriale inden. Derfor er det heller ikke trafik, du bør fokusere på i dit arbejde for at få dit budskab ud til flere.

2. Henvist trafik betyder, at andre sender dig trafik. Dette kan fx være samarbejdspartnere og såkaldte affiliates. En affiliate er en person, der henviser personer til dig, og som får en kommission, såfremt den henviste ender med at købe et produkt af dig. Selv giver jeg fx 30 procent i kommission på mange af mine produkter til personer, der henviser en kunde.

Når det kommer til en kundemagnet, er henvist trafik en rigtig god idé. Partneren kan sende sit publikum et link til din kundemagnet, der jo er gratis, og derved hjælpe dem. Deres publikum bliver gladere for dem, fordi de sender dem relevant gratis info, du bliver glad, fordi du får trafik, og partneren vil tjene penge, hvis den henviste person på et tidspunkt ender med at købe et produkt af dig. Alle vinder, og alle er glade.

Når det kommer til henvist trafik, er det let at drive trafik til en specifik side, fx din kundemagnet eller en webinar-tilmeldingsside.

3. Organisk trafik dækker over den trafik, der kommer fra søgemaskinerne, og nu, hvor jeg skriver ordet "søgemaskinerne" i flertal, mener jeg reelt primært

Google. Dette bliver også ofte kaldt gratis trafik, fordi du ikke skal betale for den. Til gengæld kræver den meget arbejde, da det kræver, at du skriver en masse indhold, som personer i din målgruppe søger efter. Til gengæld bliver indhold, du har lavet, liggende til evig tid, så en artikel, du har skrevet flere år tilbage, kan fortsat findes den dag i dag.

At blive fundet i søgemaskinerne er en langsigtet strategi, da det både tager tid at skrive indholdet, at optimere sin side og arbejde med andre facetter af søgemaskineoptimering (SEO) så som fx link building (jo flere relevante links der peger på din side, desto bedre, derfor er det typisk noget, man arbejder på at opnå).

Elsker du at skrive, og har du tiden, er det bestemt en god idé at have en blog, hvor du deler ud af din viden til din målgruppe. Selv gik jeg lidt død i at blogge, efter at jeg i lang tid havde blogget på min engelsksprogede blog RetireMyAss.com.

I perioder skrev og postede jeg over 1.500 ord om ugen, en øvelse, der typisk tog mig en halv til en hel dag og også inkluderede en amerikansk editor, jeg betalte for at gennemgå det, jeg havde skrevet. Ud over den research, jeg lavede i forbindelse med mine opslag, skulle opslaget også sættes op, grafik skulle laves, og var det ikke nok, skulle jeg også markedsføre opslaget på de sociale medier og ofte også iværksætte forskellige SEO-relaterede aktiviteter.

Det gik jeg simpelthen død i. Så da jeg startede på dansk, vidste jeg, at en blog ikke skulle være en central del af min strategi. Derfor endte jeg også med primært at bruge betalt trafik.

4. Betalt trafik er præcis, hvad der ligger i navnet. Trafik, du betaler for. Du kender sikkert Google AdWords, der er de første mange resultater, du ser på Google, når du søger efter noget. Læg i øvrigt mærke til, at reklamerne på Google har fået løbende bedre placeringer på bekostning af de "organiske resultater" igennem tiden. Det betyder, at hvis du har arbejdet hårdt på at få gode placeringer på Google, så er de blevet sværere og sværere at finde, fordi Google foretrækker at tjene penge på at vise reklamer.

Du har helt sikkert også set reklamer på Facebook, det kan sågar være, at du først hørte om mig via en reklame på Facebook, da det er min primære trafikkilde. Der er mange andre steder, du kan købe trafik, men for at holde det simpelt ser vi kun på Google og Facebook.

Det er vigtigt, at du forstår den helt store forskel imellem de to. Begge steder sætter du en reklame op og kan betale for enten visninger eller per klik på reklamen. Så ud fra et teknisk synspunkt er de stort set identiske, men forskellen ligger i den intention, personen, der ser reklamen, har.

På Google leder personen efter en løsning på et problem. Derfor er Google AdWords ofte en del af de fleste webshops' strategier. Hvis nogen leder efter en bestemt Nike-løbesko, er der en relativt stor sandsynlighed for, at de kunne tænke sig at købe den.

Omvendt er det på Facebook. Her kommer vi ind for at blive underholdt af videoer med grædende katte og dansende babyer ... Eller er det omvendt? Det er et socialt netværk, så det handler mere om de sociale relationer og om at slå hjernen fra.

Derfor virker reklamer for produkter heller ikke særlig godt på Facebook, men det er i høj grad muligt at vise reklamer for gratis tilbud som fx en kundemagnet. Sammenholdt med at du kan ramme din målgruppe utrolig præcist ud fra demografi og interesser, gør dette Facebook-reklamer til et oplagt værktøj til at vækste dit nyhedsbrev hurtigt. Du kan reelt være helt nystartet og stadig hurtigt få potentielle kunder ind i din forretning.

Dette var også strategien, som kvinden jeg fortalte dig om i starten, brugte til at få 600 personer på sit nyhedsbrev hen over julen.

5. Endelig er der social trafik, der er den gratis trafik, du får fra sociale medier som Facebook, Instagram, LinkedIn, Twitter osv. Forskellen fra organisk trafik er, at indhold kan gå viralt på de sociale medier og derfor pludselig kan sende en stor mængde trafik inden for

meget kort tid. Det er fedt, når det sker, men det kan ofte være svært at forudse, hvilket indhold, folk synes, er fedt at like, dele og kommentere. Kattevideoer er jo sikre kandidater, men de virker så også kun i ganske få brancher, og det er ikke sikkert, at du vil have kædet dit brand sammen med denne type indhold.

Ofte ser det let ud, bare at lægge noget indhold ud og så få en masse likes, kommentarer og delinger, men for hver post der "går viral" er der uendeligt meget indhold der ikke gør det.

Hurtig vækst

Hvis du vil vækste din virksomhed hurtigt, vil jeg klart anbefale dig at køre Facebook-reklamekampagner. Ja, du kommer til at betale for din trafik, men husk på, at du også tjener på den.

En person på mit nyhedsbrev er p.t. lidt over 500 kroner værd om året, så hvis jeg skal betale 5, 10 eller sågar 20 kroner til Facebook for en ny e-mailadresse, er dette ikke en udgift, det er en investering, der kommer mange gange igen.

Jeg taler med rigtig mange, der siger, at Facebook-annoncering ikke virker for dem, men når jeg spørger dem, hvad de betaler per lead, og hvad de tjener per lead, får de store spørgsmålstegn i øjnene. Ja, det er klart, at det ikke virker, når du ikke ved, hvilket resultat du får af de penge, du bruger.

Det kan være, at der kommer en anden type trafik eller netværk, der virker endnu bedre end Facebookreklamer, men lige nu fungerer det temmelig godt, og der er en kæmpe mulighed i rigtig mange brancher for at tiltrække en masse potentielle kunder og skabe en virksomhed på kort tid.

15 KONVERTER DIN TRAFIK

"Det er meget lettere at fordoble din virksomhed ved at fordoble din konvertering end at fordoble din trafik."
— *Jeff Eisenberg*

Inden du kan begynde at drive trafik til din kundemagnet via fx Facebook-reklamer, skal du have en tilmeldingsside. En såkaldt "landing page".

Den store forskel på en almindelig side og en landing page er, at alt overflødigt er fjernet på en landing page. Her er fokus udelukkende på at få de besøgende til at aflevere deres e-mailadresse, og alt, der ikke understøtter dette mål, skal væk.

Har du fx en menu og tekst, der går igen på alle dine sider, så skal dette væk. Det skal ikke være muligt at kunne navigere væk fra siden. Den besøgende skal udelukkende forholde sig til det "gratis tilbud", du giver dem, altså din kundemagnet.

Den behøver ikke være pæn

Når det kommer til en landing page, er der en utrolig vigtig pointe, du bliver nødt til at acceptere, og som overtrumfer alting. Design og æstetik er fuldkommen ligegyldigt. Det handler udelukkende om, hvor godt siden konverterer, altså hvor mange der tilmelder sig. Fjerner du dit logo, og stiger konverteringen med 14 procent? Fantastisk, dit logo var sikkert smart, men nu får du 14 procent flere potentielle kunder i din virksomhed. Får du 9 procent flere konverteringer, når du bruger en anden farve end den, du normalt bruger i din visuelle identitet? Super, jeg forstår det heller ikke, men du har nu 9 procent flere potentielle kunder.

For flere år siden købte jeg et produkt, der hedder LeadPages. Det er et system, der indeholder en masse landing page-skabeloner, som man let kan tilpasse med grafik, tekst og farver. Efter jeg havde købt det, loggede jeg ind og begyndte at se de forskellige skabeloner igennem, og jeg må tilstå, at jeg umiddelbart blev en lille smule nedtrykt.

Mange af skabelonerne virkede enormt grimme, og jeg kunne ikke helt se, hvordan de skulle kunne virke. Derfor gik der også noget tid, hvor jeg reelt ikke brugte produktet.

Men på et tidspunkt sad jeg og arbejdede på en kampagne for et onlineprodukt om projektledelse, og jeg besluttede mig for, at jeg måske i det mindste skulle prøve LeadPages af, nu hvor jeg havde betalt for det.

Så jeg startede med at sætte en landing page på min egen WordPress-hjemmeside. Min kundemagnet var en video om et specifikt emne inden for projektledelse af større IT-projekter. Jeg skal nok spare dig for at gå ind i yderligere deltaljer. Jeg går på ingen måde ud fra, at du er i målgruppen.

Min landing page blev faktisk rigtig flot, den var i mit brands farver, havde det korrekte logo, den var lys, og der var masser af "luft" i designet. På trods af at jeg ikke er designer, var jeg alligevel stolt af det, jeg havde tryllet sammen på en times tid. Det tog ikke lang tid, fordi jeg jo genbrugte meget af det design, jeg allerede havde på min hjemmeside.

Så hoppede jeg over i LeadPages. Her var en smart funktion, der lader dig sortere deres skabeloner i forskellige kategorier efter konverteringsprocenten. Altså hvor godt de forskellige skabeloner konverterer for andre, der bruger den. Helt perfekt, jeg vidste jo ikke rigtigt, hvad der ville fungere.

Så jeg sorterede skabelonerne efter konvertering og fik næsten kaffen galt i halsen, da jeg så resultaterne, der lå øverst. Hold nu op, de var grimme. Jeg syntes også, at de så enormt "spammy" ud, hvis man kan bruge det ord.

Men det var jo en test, så på trods af at jeg var overbevist om, at min egen designede landing page ville klare sig bedre, satte jeg også en side op i LeadPages.

Hvor min egen side i WordPress med genbrug af design havde taget mig over en time at sætte op, tog det mig reelt kun 5 minutter i LeadPages. Det er ubeskrivelig let at sætte op. Jeg genbrugte alle tekster og et billede af kundemagneten.

Herefter satte jeg en såkaldt split test op. Det vil sige, at testen ville sende halvdelen af trafikken til den flotte side, jeg havde lavet i WordPress, og den anden halvdel ville gå til, hvad jeg syntes var en noget mindre pæn side hos LeadPages.

Resultatet var mildest talt overraskende. Min egen "flotte" side konverterede 12 procent, mens siden baseret på en LeadPages-skabelon og sat op på fem minutter konverterede 43 procent. 31 procentpoint eller en forbedring på ca. 350 procent! Denne relativt lille ændring betød altså en stigning i omsætning på mere end tre gange baseret på den samme trafik, der kom til min side. Små ændringer kan føre til store resultater.

Test din tilmeldingsside

Efter den test har jeg erkendt, at jeg aldrig kan forudsige, hvad der vil konvertere, og at jeg altid skal teste mine teser. Det handler aldrig om, hvad du synes er pænt eller sågar smukt. Det handler udelukkende om, hvor mange besøgende der ender med at efterlade deres e-mailadresse, inden de er videre i deres daglige gøremål.

Det interessante er, at jeg nu ved en masse om, hvad der konverterer trafik, men alligevel bliver jeg til stadighed overrasket over, hvilken version af min landing page der ender med at konvertere bedst. Det er en rigtig god idé at lave flere forskellige versioner af din landing page. De vil aldrig konvertere præcis det samme, der er altid en af versionerne, der konverterer bedre end de andre, og det er ikke sikkert, at dette er den første version, du lavede. Når man starter, er det helt o.k. at være tilfreds med sig selv og lave en enkelt Facebook-reklame og en enkelt landing page, men over tid er det vigtigt, at du hele tiden prøver at optimere din kampagne. Hvis du både arbejder på at lave en bedre reklame – og derved får mere trafik – og på din landing pages konvertering, vil du ofte kunne fordoble antallet af leads, du samler sammen på baggrund af den samme markedsføringskampagne.

I dag ligger min konvertering af såkaldt kold trafik, altså trafik, der ikke umiddelbart har hørt om mig før, og som fx bare har klikket på en Facebook-reklame, på mellem 40 og 70 procent.

Bemærk, at dette er en relativt høj procent i forhold til, hvor mange der fx besøger din hjemmeside og ender med at tilmelde sig dit nyhedsbrev.

Som jeg skrev til at starte med, er der mange ting på

en hjemmeside, der kan distrahere, og sammenholdt med, at du ikke kan styre organisk trafik, er der sjældent særlig mange, der ender med at tilmelde sig dit nyhedsbrev via en lille note i højre side af din hjemmeside. Når du styrer trafik fra Facebook-reklamer direkte til en landing page, hvor det eneste, de skal forholde sig til, er din kundemagnet, vil din konvertering derfor være meget højere.

Men hvad definerer en god landing page? Hvad er det vigtigste, du skal fokusere på, når du laver den?

En god tommelfingerregel er, at jo mere simpel siden er, desto bedre. Det betyder også, at du nok vil kunne fjerne størstedelen af indholdet. Nu udtaler jeg mig meget generelt, og der kan selvfølgelig være forskel fra branche til branche og fra kundemagnet til kundemagnet, men en af de vigtigste parametre i forhold til at konvertere en besøgende på din landing page er ... sidens titel!

Lad mig give dig et eksempel: På en landing page til et gratis webinar, jeg afholdt for nylig, testede jeg tre forskellige titler. Resten af siden var fuldstændig den samme, det var kun titlen, der varierede.

Den dårligst konverterende side lå på 42 procent, mens den bedst konverterende lå på 61 procent. En temmelig stor forskel i, hvor mange der registrerede sig til webinaret, udelukkende ved at skifte en titel.

Og hvad kan du lære af det? Selvom noget ikke ser ud til at virke første gang, du prøver det af, betyder det ikke, at din idé eller din kundemagnet er forkert. Det betyder bare, at du skal teste forskellige versioner af din landing page, og start gerne med at teste forskellige overskrifter.

Du kan selvfølgelig også teste andre ting på din side. Jeg har hørt om folk, der har testet farven på deres knapper, forskellige baggrundsbilleder og meget mere. I sidste ende vil en enkelt ændring af din side altid påvirke den enten negativt eller positivt, men det er klart, at nogle ændringer vil have en større indvirken end andre, og derfor bør du starte med titlen, da det umiddelbart er det første (og ofte eneste), folk læser på din landing page.

Nogle af de bedste landing pages, jeg har lavet, har ofte ikke indeholdt meget andet end en titel, et billede af kundemagneten og så en knap. Konverterer din side over 40 procent? Fantastisk, hold fast i den, og send mere trafik.

Du behøver ikke til at starte med investere i LeadPages, som jeg gjorde, du behøver ikke dette værktøj for at lave en tilmeldingsside. Men har du penge at investere, ønsker du at spare noget tid, og vil du gerne have nogle skabeloner, der konverterer, er det en lille ekstra investering, der i sidste ende vil hjælpe dig til at få mere ud af dine reklamekroner. Der findes alternativer til LeadPages, både billigere og dyrere, men jeg har endnu ikke fundet noget, der var lige så let at bruge til prisen.

Endelig skal du huske på, at du ikke aner, hvad der vil virke, og hvad der vil konvertere i forhold til din målgruppe. Så det at have nogle skabeloner, du ved, fungerer for andre, skal du bestemt ikke undervurdere.

PRODUKTER

16 FANTASTISKE PRODUKTER DINE KUNDER ER VILDE MED

"Hvis du ikke er flov over den første version af dit produkt, har du lanceret den for sent."

— Reid Hoffman

Indtil videre har vi fokuseret på at tiltrække et publikum til din virksomhed. Vi har skabt vores platform og derved positioneret os korrekt. Herefter har vi arbejdet målrettet på at tiltrække potentielle kunder til dit nyhedsbrev. Men en potentiel kunde er ikke meget værd, såfremt du ikke har nogle produkter, der giver dem mulighed for at smide ordet "potentiel" og blive kunde i din virksomhed.

Det er vigtigt for mig at understrege, at jeg skriver "produkter" i flertal, men jeg vil gerne have, at du starter simpelt og kun fokuserer på ét produkt. Når du læser dette kapitel, vil jeg gradvist hjælpe dig med at definere de produkter, du kan have på hylderne i din ekspertforretning, men det kan også være overvældende pludselig at skulle udvikle tre-fire produkter. Det er heller ikke det, jeg vil bede dig om. Du bør kun fokusere på ét produkt, muligvis dit første, og koncentrere dig om at få det foran din målgruppe. Når du så har solgt en masse af dit første produkt og fået blod på tanden, kan du vende tilbage til planen for de næste produkter.

Men det er, hvad det er ... Dit første produkt af flere. Det kan godt være, at du har en idé til et omfattende produkt, der indeholder al den viden, du har fået igennem de sidste 30 år inden for dit felt. Det kan være, at du føler, at du skal give alt, hvad du har i dig, at dit produkt skal være perfekt, så der ikke kan sættes en finger på det.

Det kan være fantastisk, når man føler, at man har givet al sin viden videre, men på mange måder er det en forholdsvis egoistisk måde at give sin viden videre på.

Jeg deltog engang i et seminar om, hvordan børn fik forbedret deres indlæring, når der blev fokuseret på deres motorik. Emnet var superspændende, men jeg blev sat lidt af, da der var en masse teori om, hvorfor det virkede. Underviseren havde tydeligvis brugt rigtig mange år på at sætte sig ind i emnet, men i sidste ende havde jeg mest bare behov for at få tre forskellige øvelser, jeg kunne lave med mit afkom, på fem minutter om dagen.

Din målgruppes behov er forskellige, så på trods af at

de er interesseret i dit emne, vil de ikke nødvendigvis være interesseret i det samme produkt.

Nogle ønsker måske bare at snuse lidt til emnet og blive inspireret, andre ønsker en længerevarende uddannelse, så de eventuelt selv kan gå ud at undervise.

Nogle får fint dækket deres transportbehov fra en koreansk mikrobil, mens andre foretrækker en Mercedes S-klasse med privatchauffør. Noget, jeg i øvrigt ofte ser, når jeg en gang i mellem tager min Hyundai de tre minutter til kontoret, der ligger klos op af bygninger, der huser Danske Bank- og Nordea-kontorer.

Min pointe er, at "one size doesn't fit all". Dine kunder ønsker alle sammen din hjælp, men hvis du ikke varierer din hjælp, udelukker du en masse potentielle kunder, som dit produkt ikke lige passer til.

Husk på, at du over tid ikke kun bygger et produkt, du bygger en virksomhed. Derfor er det vigtigt, at du har en strategi for udvikling af dine produkter, der i sidste ende optimerer din omsætning.

Skaler din virksomhed gennem produkter

Der er forskellige strategier til at skalere din forretning via dine produkter. Rigtig mange foretager det, der hedder en horisontal skalering, hvor de laver mange produkter, der koster nogenlunde det samme. Det kunne fx være en hypnoterapeut, der tilbyder forskellige hypnoser, der alle koster 500 kroner, til både rygestop, angst for kaniner, forbedring af selvværd osv. Ikke at der er noget galt med dette, men man spreder sig tyndt over flere emner og kommer ikke i dybden med nogen af dem.

I stedet vil jeg foreslå dig, at du går i dybden og skalerer vertikalt. Du har altså flere produkter, der omhandler det samme problem, for eksemplets skyld kan vi bruge "selvværd". Det første produkt er måske din gratis kundemagnet, hvor du behandler problemet fra et overordnet og temmelig overfladisk synspunkt. Det kunne fx være en gennemgang af din ekspertmodel på første niveau.

Hernæst har du måske et mindre onlinekursus til 995 kroner om emnet, hvor du går dybere ned i løsningerne i din ekspertmodel. Dit næste produkt er et seksugers onlineforløb til 3.995 kroner, hvor du også svarer på spørgsmål i en Facebook-gruppe og måske nogle gruppekald, samtidig med at du i undervisningen går ned i niveau to i din ekspertmodel og måske afdækker nogle mere avancerede strategier til at hjælpe med din kundes selvværd over tid.

Enkelte af dine kunder ønsker måske lidt mere direkte hjælp fra dig, og derfor har du så også et gruppecoachingforløb, hvor du arbejder med mindre grupper, til 15.995 kroner.

Hvis du går ind på en Starbucks-kaffebar i San

137

Francisco, kan du ud over at få en Caffè Latte Grande til 3,65 amerikanske dollars komme hjem med en espressomaskine til 2.000 amerikanske dollars. Første gang jeg hørte om dette, syntes jeg ikke, det gav den helt store mening. Hvor mange er det lige, der efter at have betalt et par dollars for en kop kaffe, ender med at lægge et par tusinde dollars og slæbe en kæmpe maskine med hjem?

Så hvorfor gør de det? Fordi der er rigtig mange kunder igennem Starbucks hver dag, og der altid vil være nogle få, der ønsker at købe mere. Nogle, der måske efter at have købt deres daglige kaffe der hver dag i årevis, nu er klar til at lave kaffen hjemme. Eller nogle, der har fået en man-crush på alt, hvad der står Starbucks på, og bare må eje det hele. Du kan købe en espressomaskine på Starbucks, fordi der rent statistisk er nogle, der ønsker at købe den, og havde de ikke givet dem denne mulighed, havde de efterladt omsætning på bordet og givet salget til nogle andre.

Teorien bag denne prissætning er 80/20-reglen, som jeg nævnte tidligere. 80/20-reglen, også kendt som Pareto-princippet efter italieneren Vilfredo Pareto, der første gang nævnte den i en udgivelse fra 1896. Pareto dokumenterede, at ca. 80 procent af jorden i Italien var ejet af ca. 20 procent af befolkningen, men fandt så, at dette mønster gentog sig overalt. For eksempel fandt han, at 20 procent af ærtebælgene i hans have gav 80 procent af ærterne.

Bruger vi reglen på vores virksomhed, fortæller den os, at 80 procent af vores omsætning kommer fra 20 procent af vores kunder.

Den siger altså, at 80 procent af resultatet stammer fra 20 procent af indsatsen, men bemærk, at det ikke behøver at være præcis 80/20. Grundregelen er, at størstedelen af resultatet stammer fra en meget mindre del af indsatsen. Af andre eksempler kan nævnes, at 80 procent af din kundesupport vil stamme fra 20 procent af dine kunder, og du kan lave 80 procent af dit produkt på 20 procent af tiden (derfor er det en dårlig idé at være alt for perfektionistisk, når du laver dit produkt, da det altid er de sidste procenter, der ender med at tage al tiden).

80/20-reglen i prissætning

Men når man bruger reglen på prissætning af produkter, så siger den, at 20 procent af dine kunder gerne vil bruge fire gange mere hos dig.

Nu bliver det lidt teknisk, men hvis reglen som udgangspunkt siger, at 80 procent af din omsætning kommer fra 20 procent af dine kunder, så kan vi bruge 80/20-reglen igen på de 20 procent kunder. 20 procent af 20 procent er så 4 procent, og 80 procent af 80 procent er 64 procent. Dette betyder altså, at kun 4 procent af dine kunder vil være ansvarlige for 64 procent af din omsætning.

Dette er et gentagende mønster, så går vi videre og laver udregningen en gang til, vil du se, at 51 procent af din omsætning kommer fra kun 1 procent af dine kunder.

Det betyder i praksis, at nogle ganske få kunder gerne vil bruge væsentligt flere penge i din forretning. Hvis vi bruger analogien fra mit Starbucks-eksempel, vil de altså gerne købe din "espressomaskine".

Lad mig give dig et konkret eksempel på, hvordan du kan bruge dette til at prissætte dine produkter: 20 procent af de kunder, der har betalt dig for et produkt til 1.000 kroner, vil gerne betale dig for et produkt til 4.000 kroner. Men da det som sagt er et gentagende mønster, vil 20 procent af dem, der har købt dit 4.000 kroners produkt, også gerne købe et produkt til 16.000 kroner.

Bemærk, at du selvfølgelig skal levere værdi for minimum et tilsvarende beløb. Det nytter ikke noget, at dit 1.000-kroners produkt i sidste ende leverer den samme værdi som dit 16.000-kroners produkt.

Så hvilken værdi du kan levere, der er 1.000 kroner værd, og hvad der er skal til for at levere værdi for 16.000 kroner (eller mere for den sags skyld), kommer vi til at se på senere, hvor jeg vil vise dig de forskellige typer af produkter. Nu er det bare vigtigt, at du forstår grunden til, at du skal skalere dine produkter vertikalt, hvor du fokuserer på det samme emne, men giver mulighed for at tilbyde dine kunder forskellige priser og måder at arbejde sammen med dig på.

Når du har flere produkter, der omhandler det samme problemområde, kan du specialisere dig. Det vil sige, at du i dine kunders øjne bliver en endnu større ekspert på området. Så din vertikale produktstrategi ender med yderligere at positionere dig som den førende ekspert i markedet.

Denne opdeling af produkter gør også, at du ikke behøver markedsføre alle dine produkter til alle dine potentielle kunder. Det gælder langt hen ad vejen om at få dem til at købe dine billigere produkter og vise, at du via dem kan hjælpe dem som kunder. Nogen af dem vil så gerne have mere af din hjælp, og det er så disse kunder, der bliver præsenteret for dine højere prissatte produkter.

Fx har jeg et 12-ugers mentorforløb, hvor jeg arbejder tæt sammen med en lille håndfuld personer ad gangen. Det giver ikke den store mening at markedsføre dette forløb til hele mit nyhedsbrev, som også sendes til en masse mennesker, der ikke har købt noget af mig endnu. Så i stedet segmenterer jeg min liste, altså opdeler den efter fx, hvilken adfærd de tidligere vist, og på den måde får jeg et segment af potentielle kunder til mit mentorforløb.

Jeg kunne selvfølgelig vælge at sende min liste 10 e-mails, hvor jeg nævner dette forløb (og jeg ved, at der er andre, der sælger på denne måde), men personligt foretrækker jeg, at man har rakt hånden op og udvist en interesse, inden jeg aktivt sælger til dem. Derfor vil man som modtager af mit nyhedsbrev heller ikke se særligt meget om mine produkter. Jeg nævner måske et af mine produkter et par gange hen over et helt år, fx når jeg holder et af mine tredages seminarer, hvilket ikke sker så tit.

Som ekspert er din viden dit produkt, og vi skal derfor i de næste kapitler se på, hvilke produkter du kan lave.

17 FRA TRADITIONELLE TIL ONLINEPRODUKTER

"Forandring er uundgåelig.
Fremskridt er valgfrit."
— Tony Robbins

Det er ikke, fordi en ekspert, der deler sin viden, er noget nyt set i et historisk perspektiv. Bare tænk på mængden af faglitteratur i både de fysiske og onlineboghandlere.

Det skrevne ord har længe været måden, man fik udbredt sin viden på og endvidere blev anerkendt for den. Hvor mange forfattere bliver fx ikke interviewet til både TV, radio og aviser, når der kommer en bog? Forfatteren har sikkert arbejdet med emnet gennem mange år, men først det øjeblik, han putter sin viden ind i en kontekst af en bog, bliver det på en underlig, men fascinerende måde interessant.

Måske skyldes det, at det er en forholdsvis svær og

lang proces at skrive og få udgivet en bog, eller måske at man med en bog har gjort sin viden konkret. Man har sat sig ned og struktureret sin viden, så andre på en let måde vil kunne absorbere flere års erfaringer på en spisevenlig måde.

Som ekspert kan det stadig i høj grad være relevant at skrive en bog. Du sidder jo også netop nu og læser en bog, jeg har skrevet, men udfordringen med en bog er, at den har en relativt lav opfattet værdi. De fleste bøger koster 100-300 kroner, på trods af at arbejdet med dem ofte kan tage rigtig lang tid.

Hvis du derimod ser på at "pakke" din viden anderledes ind i fx et onlinevideokursus, vil du kunne tage langt flere penge for dit produkt.

Video har en højere opfattet værdi end det skrevne ord, og derfor ville du afhængig af din målgruppe og branche let kunne tage et sted imellem 1.000 og 10.000 kroner for den samme viden, hvis du lavede indholdet som videoer i stedet.

Den gode nyhed er, at det faktisk ofte er hurtigere at lave indholdet som videoer end at skulle skrive en bog. Og den endnu bedre nyhed er, at det i dag er blevet så let at lave video i høj kvalitet, at selv børn kan finde ud af det. I dag har alle en mobiltelefon, der kan optage video i høj kvalitet, og websites som YouTube og Vimeo er blevet allemandseje.

Læg indsatsen hvor pengene er

Mens en bog har potentialet til at nå rigtig mange mennesker grundet den relativt lave pris, så skal der også rigtig meget markedsføring til, hvis den skal nå bredt ud, og du skal have en bestseller. Sammenholdt med at du typisk tjener under 20 kroner per bog, hvis du er udgivet på den traditionelle måde på et forlag, skal der rigtig mange salg til, før det bliver sjovt.

Selv hvis du solgte 5.000 bøger, hvilket er et overordentligt pænt antal for faglitteratur, så ville du "kun" tjene 100.000 kroner. Og dette ville ske over længere tid, og forlaget ville typisk holde på pengene i en rum tid, inden de blev udbetalt til dig. Den dårlige nyhed er dog, at langt de fleste udgivelser, ca. 90 procent, sælger under 1.000 kopier, hvilket gør det at være forfatter og kun fokusere på sin bog som produktet til en overordentlig dårlig forretning.

Hvis du i stedet lavede et onlinevideokursus med den samme viden, skulle du kun sælge 50 pladser a 2.000 kroner for at sælge for 100.000 kroner. Det vil sige, at du kun skulle finde 50 kunder til dit budskab i stedet for 5.000.

Lad mig give dig et eksempel. Da jeg introducerede et af mine seneste onlinekurser, var der 52, der købte det til en pris på 1.997 ekskl. moms. Det var vel at mærke over en periode på få dage. Et salg på mere end 100.000 kroner på et helt nyt produkt og faktisk også et produkt, jeg ikke havde lavet på det tidspunkt.

Og selvom jeg er god til det, jeg gør, er jeg bestemt ikke en undtagelse. Jeg ser ofte en omsætning på 20-50.000 kroner, når mine kursister lancerer deres første onlineprodukter. Produkter, som de kan sælge igen og igen efter den indledende lancering.

Sælg din viden online

Jeg siger ikke, at det er en dårlig idé at skrive en bog. Det kan helt sikkert yderligere positionere dig som en ekspert, men en bog er ofte mere markedsføring end noget, du tjener penge på. Så er din tid begrænset, og ønsker du omsætning her og nu, vil jeg anbefale dig at fokusere på et onlineprodukt som fx et onlinekursus.

Ud over muligheden for nye typer af produkter har internettet i den grad ændret den måde, vi distribuerer viden på. Før skulle du ned i en butik, når du ville købe en bog, og bruge dagevis på at læse den. Så kunne du pludselig bestille den selvsamme bog på nettet, og du behøvede ikke at rejse dig fra stolen. Det næste naturlige trin var e-bogen. I stedet for at sende en stor fysisk bog fra én del af verden til den anden kunne man få den digitalt på et sekund. Selv læser jeg nu stort set alle mine bøger på min Amazon Kindle-e-bogslæser.

Men at internettet har revolutioneret måden, hvorpå vi distribuerer vores viden, kan vi i den grad også bruge, når det kommer til andre typer af onlineprodukter.

Når en person køber et af mine onlineprodukter, klikker han eller hun sig ind på et link, jeg har sendt eller givet vedkommende tidligere. Herefter udfylder han eller hun en ordreside og indtaster sine betalings-kortoplysninger. Når købet er gået igennem, modtager kunden automatisk en velkomst-e-mail og får adgang til produktet med det samme. Nogle gange udgives indholdet gradvist over en periode, men det hele er automatiseret. Jeg er slet ikke involveret i denne proces. Der er ikke noget, jeg skal godkende eller sende til kunden, og det bedste, jeg ved, er, at systemet også sender mig en SMS, hver gang nogle køber et af mine produkter. Det er en af grundene til, at min telefon næsten altid står på lydløs, da mange af mine kunder har det med at købe mine produkter, mens jeg sover.

Dyrebar tid med dig

Video har en højere opfattet værdi end det skrevne ord, men der er noget, der har en endnu højere opfattet værdi: at arbejde direkte sammen med dig.

For mange coaches er dette deres eneste produkt. Man kan købe en eller flere timers en-til-en-arbejde. Udfordringen med at sælge timer er, at man hurtigt bliver sammenlignet med andre i samme branche. Det er utrolig let udelukkende at sammenligne to coaches inden for samme område på deres timepris. Derfor er det også svært for især nye coaches at have en høj nok timepris til, at man rent faktisk kan leve af det.

Det er svært at opbygge en succesfuld coaching-forretning, selv med en timepris på 700-800 kroner. Sammenholdt med at man skal have mindst tre kunder om dagen, kan det være svært at opretholde en sund forretning. Din tid er begrænset, og når du sælger din tid, vil din indtjening derfor også være begrænset. Den eneste måde, hvorpå du kan skalere en forretning, der er baseret på, at du sælger din tid, er ved enten at arbejde mere eller sætte prisen op. Hvis du gør det første, vil du langsomt brænde ud, og du vil tage tid fra andre vigtigere ting her i livet så som familie, venner og fritid. Hvis du sætter din pris op, vil du potentielt begynde at tabe kunder, og der er et naturligt maksimum for, hvor højt du kan sætte din pris.

Problemet med at sælge sine timer på denne måde er, at ikke mange ville købe et produkt til 2.000 kroner, hvis de kunne købe en-til-en-hjælp for 700 kroner. Ikke at jeg siger, at man ikke bør tage en-til-en-kunder, kun at det kan være et problem at sælge dine onlineprodukter, hvis du konkurrerer med dig selv. Og da din direkte hjælp har en højere værdi end et onlinevideokursus, bruger du dine produkter til at retfærdiggøre en højere timepris.

Selv sælger jeg ikke min tid længere. Den eneste måde, hvorpå du kan få min direkte hjælp med din forretning, er via mit gruppementorforløb, hvor det meste foregår online.

I stedet for at arbejde en-til-en bør dit fokus være på,

hvordan du kan hjælpe din målgruppe i mindre grupper, inden du tilbyder dem en-til-en-hjælp. Hvis du fx var rygestopcoach, kunne dine produkter se ud som følger (bemærk, at jeg intet aner om emnet, så jeg ved ikke, om titlerne giver mening):

• **Røgfri på 14 dage**, et onlinekursus til 995 kroner. Her gennemgår du din ekspertmodel på fx niveau 2.

• **Rygestopcoachingforløb**, et gruppecoaching-forløb på tre måneder til 3.995 kroner, hvor deltagerne hver uge mødes i en gruppe online med dig og kan stille spørgsmål, få motivation og hjælp.

• **En-til-en-coaching**, en coachingpakke til 15.995 kroner for dem, der vil have større fleksibilitet i forhold til at kunne mødes med dig. De får fx fem en-til-en-samtaler samt adgang til alle de gruppesamtaler, vedkommende har behov for.

Læg mærke til, at det sidste produkt er en "pakke". Det er ikke timer i løssalg. Ved at lave et produkt bliver det sværere at sammenligne din timepris med andre rygestopcoaches.

Jeg kender faktisk en coach i Tyskland, der med vilje laver pakker med lidt skæve priser og tal, for at det ikke bliver så tydeligt, at hans timepriser er ganske fornuftige.

Der er forskellige måder at sammensætte onlineprodukter på. Dem, jeg normalt hjælper mine kunder med, er (prisniveauer afhænger utrolig meget af din målgruppe og dit marked):

- Onlinekursus.
Her er du ikke involveret i produktet. Du giver deltageren noget viden, og det er op til ham eller hende selv at handle på baggrund af informationen. Typisk får kunden adgang til al indholdet med det samme. Prisniveau: 500-5.000 kroner.

- Onlineforløb.
Et forløb har typisk en given startdato og løber så X antal uger eller måneder. Indhold frigives over en længere periode, så deltageren ikke bliver overvældet af en masse indhold. Ofte har jeg også et element af interaktion. Dette kunne fx være dialog og netværk via en dedikeret Facebook-gruppe og/eller nogle livekald, hvor man kan stille spørgsmål. Prisniveau: 2.500-20.000 kroner.

- Gruppecoaching-/mentorforløb.
Dette er typisk en mindre gruppe mennesker, og du har en større andel af involvering. Fx får deltagere på mit mentorforløb også flere dagsworkshops på mit kontor samt løbende e-mailsparring på netop deres virksomhed. Prisniveau: 10.000-100.000 kroner (men ofte med mulighed for højere priser).

En bog koster noget at trykke og distribuere (så længe

der ikke er tale om en e-bog), men onlineprodukter har ikke en "kostpris per kunde" og er derfor yderst profitable, samtidig med at du kan hjælpe flere kunder på flere forskellige niveauer.

Nogle spørgsmål, du kan overveje, er: Hvilke produkter er det, du skal lave, når du skalerer dit problemområde vertikalt? Hvad skal de koste, når du bruger 80/20-reglen til prissætning? Og hvordan leverer du værdi i de forskellige produkter? Arbejder man sammen med dig, måske i en gruppe online, eller kommer materialet som videoundervisning?

18 VÆRDI PÅ FLERE NIVEAUER

"Indse, at du tjener penge ved at give
værdi – ikke tid – så find en måde
at give din bedste værdi til andre, og
kræv en fair pris for det."

— Steve Pavlina

Du har din ekspertmodel, der er processen for, hvordan du hjælper din målgruppe, og det mest oplagte er derfor at lave et onlineprodukt af en art, der er baseret på modellen. Som du lærte tidligere, bør du skalere dine produkter vertikalt og bruge 80/20-reglen i din prissætning, så du har flere produkter, der dækker det samme problemområde. Men hvordan laver man produkter, der angriber det samme problem, i meget varierende prisklasser? Hvordan kan du sælge et produkt til både 1.000 kroner og et til 16.000 kroner?

I sidste kapitel viste jeg dig nogle eksempler på onlineprodukter, der er optimeret til at skalere din forretning, men i dette kapitel vil jeg gå dybere ned i, hvordan du leverer værdi, fordi den pris, du tager for et produkt, er direkte forbundet med dit produkts opfattede værdi.

Når jeg skriver "opfattet værdi" og ikke bare "værdi", er det, fordi dit produkt er det værd, som din kunde mener, det er værd. Ikke nødvendigvis, hvor meget du mener, det er værd.

Ofte ser jeg, at man prissætter sine produkter, efter hvor lang tid man skal bruge per kunde, eller hvor lang tid man har brugt på at lave produktet. Man prøver altså at regne sin timepris ud og på en eller anden måde omsætte dette til en pris på produktet.

Prissætning er en af de ting, jeg ofte hjælper mine kunder med, og det handler ofte om at hæve prisen, ikke sænke den. Men inden vi går mere i dybden med priser, vil jeg gerne understrege, at prissætning ikke er en absolut videnskab, og det kan betale sig at teste flere forskellige priser.

Kan det fx bedre betale sig at sælge 100 produkter a 1.000 kroner end 40 a 3.000 kroner? I det første eksempel når du flere, men du omsætter for mere i det andet. I denne ligning skal man også altid huske, at flere kunder kan give behov for mere support, og/eller det kan være, at du skal bruge tid per kunde. Det er selvfølgelig optimalt ikke at skulle bruge tid per kunde, men som du vil se om lidt, kan det være, at du i et af dine højere prissatte produkter kan være en af måderne, du leverer værdi. Og bruger du tid per kunde, skal du selvfølgelig tage dette med i prisligningen.

Husk også på, at dine kunder er forskellige, det er grunden til, at vi har priser på forskellige niveauer. Jeg husker tydeligt to meget forskellige deltagere på et af mine seminarer. Vi havde tilbragt næsten to dage sammen, og da jeg vidste, at nogle af de 50 deltagere gerne ville have min hjælp mere direkte, brugte jeg 10 minutter på at fortælle dem om mit 12-ugers mentorforløb.

Jeg forklarede, hvordan jeg kunne hjælpe dem med at implementere det, vi netop havde gennemgået på seminaret, og gav dem et temmelig godt tilbud. En herre på første række i venstre side af lokalet kom med et forholdsvist højt udbrud, da jeg nævnte prisen, og vendte sig så om mod sin kone, som han havde taget med, og sagde forholdsvist højlydt: "Hold da op, det er mange penge." Det var selvfølgelig ikke lige den modtagelse, jeg havde forventet. Jeg syntes som sagt selv, at det var et temmelig godt tilbud, og jeg var dybt involveret i mine mentees virksomheder.

Da vi holdt den næste pause, kom en kvinde, der ligeledes havde siddet på forreste række, bare på min højre side, op til mig. Hun fortalte mig, at hun havde nydt seminaret og havde forventet, at jeg ville præsentere en eller anden form for program. Faktisk havde hun, allerede inden hun kom, besluttet, at hun ville have min hjælp ud over seminaret, og da hun havde hørt prisen, havde hun faktisk syntes, det var billigt.

De to seminardeltagere var på det præcis samme seminar, de hørte den præcis samme salgstale for mit mentorforløb, og alligevel havde de to vidt forskellige opfattelser af værdien af mit mentorforløb. De havde altså opfattet værdien af mit produkt på to helt forskellige måder. Den ene kunde kommer nok aldrig til at deltage i mit mentorforløb, da han tydeligvis ikke opfatter værdien som værende høj nok. Jeg har simpelthen ikke kunnet overbevise ham om, at jeg kan hjælpe ham med at tjene flere penge, end mit program koster, mens min anden deltager, der endte med at tilmelde sig programmet, muligvis ville have betalt endnu mere.

Mennesker er forskellige, og du vil aldrig kunne undgå denne situation. Derfor er det vigtigt, at du ikke lader laveste fællesnævner diktere dine priser. Anerkend, at du hjælper dine kunder på forskellige niveauer med priser, der er relevante for dem.

De tre prisniveauer

Når du skal levere værdi til dine kunder med din ekspertviden, kan du hjælpe dem på tre forskellige niveauer:

- Gør det selv
- Gør det sammen

155

- Gør det for dig.

Jo dybere man går, jo mere involveret er du. Og din tid er noget af det allermest dyrebare, så den vil vi som udgangspunkt beskytte. Det betyder også, at din tid er en let måde at levere ekstra værdi til dine kunder på, og gør du det smart, som vi vil se på om lidt, kan det stadig være en yderst profitabel model. Priserne stiger derfor også, hver gang vi bevæger os et niveau op.

Gør det selv
Her leverer du noget viden til dine kunder. Det kunne være via en e-bog, et onlinekursus eller lignende. De får din viden, som du har struktureret og gjort lettilgængelig for dem. Du har altså lagt et stort arbejde i at lave et fedt produkt, men du er ikke involveret i selve leveringen af produktet. Kunden får adgang til indholdet, men er selv ansvarlig for at implementere den viden, du giver vedkommende. Det er så at sige et selvstudie.

Når produktet først er lavet og sat op, skal du ikke bruge tid på det. Det kører helt automatiseret.

Jeg har selv flere onlinekurser, der kører på denne måde.

Gør det sammen
Her går du ind og holder kunden mere i hånden. Et eksempel på dette er mit 12-ugers mentorforløb. Der er et par enkelte en-til-en-timer, men ellers foregår al undervisningen online eller i grupper, fx har vi på hvert

hold en ugentlig videokonference, hvor jeg følger op på deltagerne. Men da dette foregår i en gruppe, kræver det kun en time af mig om ugen. Vi har også over de 12 uger to fysiske workshops, hvor vi mødes på mit kontor og arbejder igennem. Igen i en gruppe.

På dette niveau involverer du dig altså mere med din kunde, og det vil derfor ofte være et forløb, der kører over et stykke tid. Når dine kunder "gør det selv", kan du være ligeglad med, om de arbejder med dit indhold over en uge eller et halvt år. Men når I gør det sammen, vil det typisk være et fast defineret forløb, der kører fx X antal uger eller måneder.

Hvis du ender med at skulle bruge for meget tid på at levere til dine kunder på dette niveau, kan du overveje at uddelegere kundearbejdet. Du kan fx uddanne et par coaches, der går ind og hjælper på produkterne. Du betaler så hver coach per kunde, og du frigiver din tid til markedsføring og udvikling af nye produkter.

Gør det for dig
Dette niveau giver måske ikke helt mening for alle. Hvis du er rygestopcoach, kan det være svært at holde op med at ryge på vegne af dine kunder, men hvis du derimod fx er Facebook-ekspert, er dette niveauet, hvor du går ind og laver dine kunders Facebook-side, skriver indlæg og poster dem, sætter Facebookreklame-kampagner op osv. på vegne af dine kunder.

Her er der mere tale om en slags servicevirksomhed,

hvor du udfører noget arbejde på vegne af en kunde. Det lyder måske, som om du skal sælge timer, men det er ikke en god idé.

Hvis du sælger din tid på dette niveau til 800 kroner i timen, eller sågar 1.500 kroner i timen, hvorfor skulle dine kunder så købe et "Gør det selv"-produkt til 2.000 kroner? Når du sikrer dig de to tidligere niveauer først, vil disse være med til at skubbe din timepris op. Men jeg foreslår stadig ikke, at du sælger dine timer. På dette niveau sælger du stadig "produkter", men det, jeg kalder "produktificerede services" eller pakker.

Det betyder, at du sælger dit produkt til en fast defineret pris. En hypnoterapeut på et af mine mentorforløb fortalte mig, at det typisk tog en til to seancer med en klient at gøre denne røgfri. I stedet for at sælge to timer a 1.000 kroner kunne hun have lavet et produkt til 2.997 kroner, der inkluderede op til to timer samt noget hjemmearbejde i form af guidede meditationer, kunden kunne downloade og arbejde med.

Nu leverer du ikke længere "bare" timer. Du leverer løsninger på dine kunders problemer til en fast pris. Nu er fokus derfor ikke længere på din timepris, hvorfor det er lettere at hæve timeprisen, da du ikke længere sammenlignes med dine konkurrenter. Det kan være, at der er nogle få kunder, der har behov for en time eller to mere, end der er i din pakke. Rent markedsførings-mæssigt er det derfor en god idé at skrive, at du fx oplever, at pakken dækker 95 procent af dine kunders behov (hvilket selvfølgelig skal være et reelt tal!). Er kunden blandt den lille resterende procentdel, kan du tilbyde vedkommende at købe en time eller to ekstra, efter de har været igennem pakkeforløbet.

Dette er i øvrigt den præcis samme måde, som man sælger kørekort på, hvor man sælger en "lovpakke". Udfordringen i kørekortsbranchen er bare, at alle sælger på denne måde, hvorfor de konkurrerer på prisen af pakken, hvilket ikke er optimalt.

Dette niveau kan være yderst profitabelt, men vil også ofte kræve noget af, hvordan du har struktureret din virksomhed. Det kan være, at du pludselig skal have flere ansatte, og det kræver, at du har klart definerede leveranceprocesser. Jeg vil derfor anbefale dig at starte med at få udviklet produkter i de to andre niveauer og først lave "Gør det for dig"-produkter, når du har succes med disse.

Et godt eksempel på en person, der har produkter i alle kategorierne, er en person som Tony Robbins. Han har skrevet flere bøger, hvilket ligger i "Gør det selv"-kategorien. Du køber bogen og får informationerne, men er ellers overladt til dig selv i forhold til, hvordan du anvender det, du lærer. Han har flere seminarer, men også onlinekurser, der igen alle ligger i "Gør det selv"-kategorien. Faktisk har han været med så længe, at han startede med at udgive sine informationsprodukter på kassettebånd.

Da hans publikum er så stort, har han uddannet en stor gruppe coaches i sin model. Det betyder, at hans "Gør det sammen"-produkter ikke er direkte afhængige af ham. Han har simpelthen en "uddannelse" i sin ekspertmodel, der på en måde både er et produkt, men også en mulighed for hans selskab at levere en "Gør det sammen"-service for dem, der gerne vil have lidt af Tonys hjælp (i andet led, men til at betale).

Har du pengepungen i orden og ønsker at følge i fodsporene af Hugh Jackman, Serena Williams, Bill Clinton med flere, har du også mulighed for at få e-til-en-coaching med Tony.

Det er vigtigt for mig ikke at overrumple dig. Dette er den fulde strategi for at skalere din ekspertforretning, men til at starte med bør du kun fokusere på dit første produkt. Du spiser elefanten en bid ad gangen!

19 SYSTEMER OG VÆRKTØJER TIL AT GØRE LIVET NEMMERE

"Systemer kører virksomheden, og mennesker styrer systemerne."
— *Michael Gerber*

Har du kun en hammer, ser alle problemer ud som søm. Hvis man ikke ved så meget om computere, kan man blive en smule intimideret af at skulle lave onlineprodukter. Rigtig mange kommer til mig og vil have min hjælp, netop fordi teknikken skræmmer dem. Det har jeg selvfølgelig fuld forståelse for. I dag er det blevet så let at lave disse onlineprodukter, at man kan gøre det med en helt grundlæggende computerforståelse. Du behøver altså ikke være IT-nørd eller lignende.

Problemet ligger primært i, at folk bruger de forkerte værktøjer, hvilket jeg hentydede til i kapitlets første sætning.

Traditionelt er man gået til en programmør, hvis man skulle lave noget på nettet. Det er også helt o.k., hvis du ikke gider bruge tid på det selv og foretrækker at betale en anden for det. Men for langt størstedelen af programmører vil de gøre det til et IT-projekt, og de vil bruge de værktøjer, de normalt anvender og kender. I dag findes der en række værktøjer, der gør det, du har brug for, helt automatisk, og som er så brugervenlige, at du ikke har behov for at få hjælp fra teknikere.

Jeg havde en kvinde på et af mine forløb, der havde brugt ca. 30.000 kroner på at få sat en "gratis" webshop op, så hun kunne sælge sine onlineprodukter. Selve softwaren var gratis, men hun havde betalt programmøren 30.000 kroner for at sætte det op og få det hele til at spille sammen. Selve webshoppen fungerede egentlig, og hun kunne sælge sine produkter, men platformen var ikke særlig fleksibel, og der var nogle ting, der bestemt ikke var optimale i forhold til, at hun solgte onlineprodukter og ikke fysiske så som sko eller natcreme.

Efter en kort snak sagde jeg til hende, at det ville være en god idé at flytte produkterne over til en anden platform. Hun takkede mig for mit råd, men var åben om, at hun efter at have betalt 30.000 kroner gerne ville have noget ud af sin investering.

Når vi har investeret tid og penge i en idé, skal der ofte meget til, at vi erkender, at det ikke er optimalt, afskriver det og kommer videre. For mange er en webshop bare en webshop. Om man sælger onlinekurser eller vaskemaskiner, virker som det samme for de fleste.

Men der er flere forskelle, som det giver mening at adressere med et specifikt system. Traditionelle webshopsystemer fokuserer fx stort set ikke på at levere produktet, da man jo forventer, at det er noget, der skal sendes fysisk. Men dette er blot en af de store forskelle. Min pointe er, at forskellige problemstillinger kræver forskellige løsninger, og at man ikke "bare" kan hive en traditionel webshop ned over alle tænkelige scenarier.

Efter et halvt års tid vendte kvinden tilbage og fortalte mig, at det havde været en svær beslutning, fordi hun havde investeret en del i sin platform, men at hun nu havde fulgt mit råd, kvittet sin gamle platform og sin 30.000-kroners investering og flyttet sine produkter over til den platform, jeg havde anbefalet hende.

Resultatet var, at hun var blevet meget gladere, selv kunne gøre mere, og hele salgsprocessen var blevet langt simplere og mere automatiseret. I en lukket Facebookgruppe skrev hun følgende til en af de andre kursister:

"Jeg brugte en del tid og ikke mindst penge på at forsøge at lave andre setups og ville ønske, jeg havde lyttet til Rasmus' råd, første gang han gav det."

Alle med et minimum af teknisk kendskab har en mening om, hvilket setup du skal have, men husk, at fordi man har en holdning, betyder det ikke, at det råd, man giver, er godt. Derfor vil jeg i dette afsnit præsentere dig for, hvad jeg mener, er det bedste system, du kan bruge, og som kan være midtpunktet i hele din ekspertforretning.

Nødvendige processer gjort nemme

Hvis vi ser overordnet på din virksomhed, er der tre primære processer, der kan understøttes af et computersystem.

1. Markedsføring
2. Salg
3. Levering

Som vi allerede har været inde på, har du behov for et nyhedsbrev, en liste af potentielle kunder, som du kan markedsføre dig over for. Du skal derfor have et nyhedsbrevssystem.

Så skal du kunne sælge nogle produkter og derfor have en shopfunktionalitet samt kunne modtage betalingskort. Dette lyder måske simpelt, men med avancerede momsregler, rate- og abonnementsbetalinger, kampagnepriser, kuponer, fakturaer og kreditnotaer, der overholder dansk lovgivning, er det faktisk et af de vanskeligste systemer at få på plads.

Endelig skal du også kunne levere dit onlineprodukt, fx via lukkede medlemssider, så kun kunder, der har betalt, får adgang til indholdet. Du skal også kunne uploade dine mediefiler så som video- og lydfiler, så dine kunder kan tilgå dem. Derudover skal du have et system, der gør det muligt at beskytte dit indhold og kun lukke de rigtige ind.

Ofte vil disse opgaver blive varetaget af forskellige systemer, hvilket gør, at de forskellige systemer så skal "integreres", altså kunne snakke sammen. Det bliver i øvrigt ofte her, at en programmør ender med at bruge al sin tid, og det er det dyreste i en sådan proces. Der kan snige sig fejl ind i integrationsprocessen, hvilket er noget, du vil undgå.

Det sker tit, at jeg hører folk anbefale systemer, der ikke lever op til dansk lovgivning. Ligesom burgeren kommer rigtig mange computersystemer fra USA, og her er reglerne meget anderledes end i Europa.

Efter et seminar i Californien vendte en af mine venner hjem og havde købt et system, der hedder Infusionsoft. Det anbefales meget ofte af amerikanere, og på mange måder er det et utrolig solidt og omfangsrigt system. Udfordringen er, at det koster fra 300 amerikanske dollars om måneden, og at man også lige skal betale en konsulent, når man starter, fordi det er så komplekst, at virksomheden ikke regner med, at du selv kan sætte det op. Min ven fik sat sine e-maillister og en del automatisering op, så langt så godt, men da han skulle til at sælge sit første onlineprodukt, fik han sig noget af en overraskelse.

Da han skulle vælge, hvilken valuta han ville sælge i, kunne han ikke vælge danske kroner, og da han kontaktede kundeservice, fik han bare beskeden, at han jo kunne vælge euro.

Vi endte med at lave en lappeløsning, hvilket bestemt ikke var optimalt, og da slet ikke, når systemet kostede 300 amerikanske dollars om måneden og gik for at være en af markedslederne.

Dette er bare ét eksempel på amerikanske systemer, der ikke rigtigt kan bruges på det danske marked. Jeg har set flere anbefale systemer, der ikke kunne udskrive en faktura, der var lovlig i Danmark.

Det er derfor ikke lige meget, hvad du vælger!

Hjertet i din virksomhed

Men hvad vil jeg så anbefale dig at bruge? Det system, jeg selv bruger, og som jeg vil anbefale bliver centeret i din virksomhed, er Simplero. Selvom det bliver markedsført på engelsk, er det oprindeligt udviklet af en dansker, og der er derfor tjek på, hvad der gælder af love og regler i Danmark, hvilket ikke skal underkendes.

Med Simplero kan du både køre din e-mail-markedsføring, sælge dine produkter og efterfølgende levere dem. Alt sammen i et enkelt system. Og det bedste af det hele: Det er så let at komme i gang, at du selv kan gøre det uden hjælp fra en programmør. Har du alligevel brug for hjælp, har de nok branchens bedste kundesupport.

Du kan automatisere de fleste funktioner, så du kan fx lave hele e-mailkampagner, der går ud over hele året, og automatisk fjerne dem, der køber dine produkter, fra markedsføringen. Der er jo ingen grund til at sende markedsføringsmateriale til dem, der allerede har købt. Det er også let at segmentere dine kunder og dem på dit nyhedsbrev, så du kan lave markedsføringskampagner for specifikke produkter til dem, der har udvist en interesse i det givne produkt. Fx fik jeg tjent 125.000 kroner på at sende en enkelt e-mail ud til kun 100 mennesker. I stedet for at sende en e-mail ud til de tusindvis af modtagere af mit nyhedsbrev, sendte jeg kun mailen til de personer, der tidligere havde udvist en interesse i mit 12-ugers mentorforløb.

Når en person køber et af dine produkter, sker betalingen automatisk via deres betalingskort, og de får samtidig leveret produktet eller bliver sat ind i en proces, der leverer produktet over de næste mange uger. Alt sammen uden din involvering. Det eneste, du ser, er en SMS fra systemet, der fortæller dig at nu har en kunde købt et af dine produkter (kan slås fra, men jeg elsker nu disse SMS'er).

"Men Rasmus, kan man ikke også bruge ..."

Jo, det kan man helt sikkert, og det kan være, at min anbefaling med tiden vil ændre sig, hvis der kommer et bedre system, men mit råd bygger på over 16 års erfaring i IT-branchen, test af stort set alle reelle konkurrenter til Simplero og millioner af kroner i salg via platformen. Du kan sikkert finde noget, der er billigere end Simplero, men du kan også finde noget, der er dyrere. Selv synes jeg, at det er et billigt system, og sælger du bare ét produkt om måneden, har du tjent pengene hjem. Og helt ærligt, har du kun en ambition om at sælge ét onlineprodukt om måneden, vil jeg mene, at det er dit mål, den er gal med.

Kortbetalinger online og smerte

En ting er selve systemet, men noget, der traditionelt er forbundet med meget smerte, og her underdriver jeg ikke, er kortbetalinger. For at kunne modtage betaling med betalingskort online har du reelt behov for to ting: 1) en betalingsgateway og 2) en indløsningsaftale.

Betalingsgatewayen er den, man taster sine kortoplysninger ind i. Når du køber noget online, har du måske lagt mærke til, at den side, du indtaster dine kreditkortoplysninger på, ligger på et andet domæne end selve shoppen. Det er, fordi der er meget sikkerhed forbundet med, at man indtaster disse oplysninger, og det kræver forskellige sikkerhedsforanstaltninger for at få lov til at kunne indtaste dem. Noget, man som almindelig shop sjældent gider at leve op til, da det koster en del tid og penge.

Så i stedet integrerer man sin webshop med en betalingsgateway, der har disse sikkerhedsforanstaltninger, og som taler sammen med næste trin, indløsningsaftalen.

Indløsningsaftalen sker med en virksomhed, der har kontakten til de store kortudbydere, herunder VISA og MasterCard. De er også bindeleddet til din bankkonto. Herhjemme kender de fleste nok Nets, da de har monopolet på dankort, men når det kommer til internationale kort, er der flere muligheder.

Synes du, ovenstående lyder kompliceret og langhåret? Det kan du tro, det er, og jeg har tidligere spildt måneder og tusindvis af kroner for at kunne modtage betalingskort online. Men at kunne modtage betalinger online er en vigtig del af din virksomhed, og jeg ville give dig en idé om, hvorfor det traditionelt set har været vanskeligt.

Heldigvis er det nu blevet meget lettere at modtage kortbetalinger online med platformen Stripe. Faktisk tager det dig præcis fem minutter at blive oprettet, og du kan umiddelbart efter modtage kortbetalinger. Faktisk er der en knap i Simplero. Den klikker du på. Du kommer herefter over på Stripes hjemmeside, du udfylder én formular online, og når du klikker på "OK", kommer du tilbage til Simplero og kan nu tage kreditkort. Så let er det.

Du kan ikke tage rene dankort på denne måde, men til gengæld kombinerede VISA-/dankort, hvilket de fleste i Danmark har. Stripe koster ikke et månedligt beløb, men tager en meget lille procentdel af den samlede transaktion.

Teknik er på ingen måde lige så vanskelig at finde ud af som for bare få år siden. Udviklingen i teknologi gør, at den bliver mere og mere "tilgængelig" for almindelige mennesker. Så hvor computeren i dens tidlige år kun kunne betjenes af programmører, kan man i dag sætte sig ind i en selvkørende bil udelukkende kørt af computere og software.

Når du skal skabe en virksomhed, nytter det ikke, at du gør noget, der er et forretningsprojekt, til et IT-projekt. Vælg de værktøjer, jeg har fortalt dig om, og du vil kunne fokusere på at skabe og sælge rockerfede produkter og ikke skulle tale med uforståelige programmører.

PROMOVERING

20 UDEN PROMOVERING DUER HELTEN IKKE

"Folk køber ikke produkter og services. De køber relationer, historier og magi."
— Seth Godin

Den største fejl, jeg ser folk begå, efter de har lavet et fantastisk onlineprodukt er, at de smider produktet på deres hjemmeside og så forventer, at det sælger sig selv.

For en del år tilbage havde jeg brugt tre måneder på at lave et temmelig godt produkt. Det havde kostet mig blod, sved og tårer for ikke at nævne flere frustrationer, end jeg hidtil havde oplevet i min virksomhed. Jeg husker tydeligt, hvordan jeg stod foran mit lys og mit kamera i nystrøget skjorte med min trådløse "clip-on"-mikrofon og optog i timer ad gangen. Mine videoer var typisk af 10 til 20 minutters varighed, men fordi jeg insisterede på at tage dem i ét take, altså uden at skulle klippe i optagelsen, måtte jeg tage hele videoen om, hver gang jeg lavede en fejl. Og dem lavede jeg mange af.

Det var mit første længere produkt på engelsk. At skulle stå foran et kamera og tale i 20 minutter udelukkende ud fra nogle stikord, var ... well, udfordrende. Det betød, at jeg på en enkelt optagedag, hvor jeg ikke lavede andet end at stå foran kameraet i ofte op til seks timer, inden jeg blev for træt, typisk kun fik optaget 20-30 minutter, der kunne bruges.

Den dag i dag ser jeg tilbage på processen med blandede følelser. Det blev et rigtig fedt produkt, men jeg burde nok have gjort det lidt lettere for mig selv.

Da jeg så stod der med mit produkt efter tre måneder, skulle jeg til at markedsføre det. Jeg havde et nyhedsbrev med et par tusinde modtagere, så jeg sendte et par e-mails ud til dem, lænede mig tilbage og forventede, at pengene ville vælte ind. Det var ikke, hvad der skete.

Produktet solgte fint blandt mine mere loyale følgere, der bare ventede på en mulighed for at lære fra mig, men da de havde købt, begyndte salget at stagnere. Samtidig havde jeg jo allerede sendt et par e-mails ud, så jeg var lidt i tvivl om, hvad jeg mere kunne gøre. Jeg havde gjort dem opmærksom på produktet, og så kunne de jo bare komme og købe det. Jeg kunne jo ikke bare blive ved med at sende dem e-mails, vel?

Du skal lære at markedsføre

Problemet er, at vi langt hen ad vejen er eksperter inden for vores specifikke felt. Dette er ikke nødvendigvis salg og markedsføring. Jeg faldt i fælden med kun at fokusere på produktet, da det jo var det, jeg kendte, og som lå inden for min komfortzone.

Jeg havde sat tid af til at producere produktet, men ikke til at markedsføre det aktivt. Jeg troede naivt, at jeg kunne sende et par e-mails til min liste, og at salgene så ville tikke ind på automatik. Det gjorde de ikke, og den lektie lærte jeg på den hårde måde. Jeg besluttede mig for at suge alt til mig, der havde med salg og markedsføring at gøre. Alt fra markedsføringsstrategier til salgspsykologi og det midt imellem.

Jeg sad for nylig til en mastermind med nogle rimelig anerkendte personer. Hvis du ikke ved, hvad mastermind er, så er det et begreb, som Napoleon Hill introducerede i sin bog fra 1928, *The Law of Success*, og senere uddybede i den nu ikoniske *Think and Grow Rich* fra 1937. En mastermind-gruppe giver deltagerne en kombination af brainstorming, sparring, gensidig ansvarlighed og support, og det giver en unik mulighed for at få flere, der hjælper og sparrer med dig om din virksomhed.

Men jeg sad der med en gruppe mennesker, nogle af dem så jeg for første gang. En af dem var en kvinde, der egentlig havde et godt brand og forholdsvis mange følgere. Hun havde lavet et par onlineprodukter, men de solgte ikke så meget, som hun gerne så. Vi havde så et kvarter, hvor vi gav hende feedback på problemstillingen.

Da turen kom til mig, stillede jeg hende et enkelt spørgsmål: "Vil du vide, hvorfor du ikke sælger?" Hun så en smule træt ud, da hun svarede. Det var jo tydeligvis det, hun gerne ville vide.

"Det er, fordi du ikke sælger," svarede jeg hende.

Mit svar lød muligvis banalt, men ud over at lave produkterne, smide dem på sin hjemmeside og så nævne dem sporadisk en gang imellem havde hun ikke overvejet, hvordan hun skulle finde potentielle kunder, og hvilken proces de skulle igennem, for at de købte produktet. Hun hverken markedsførte eller solgte sine produkter aktivt. At "sælge" er et verbum. Det er noget, man gør aktivt, og altså ikke noget, der sker automatisk af sig selv. I hvert fald ikke, uden at man først har sat en salgsproces op.

Måske har du hørt frasen "if you build it, they will come" ("hvis du bygger det, vil de komme"). Altså, laver du et fedt produkt, kommer kunderne af sig selv. Jeg har dårlige nyheder til dig: Det gør de ikke. Du skal markedsføre og sælge røven ud af dine produkter.

Men hvis du nu ikke er markedsføringsninja eller har en baggrund som brugtbilsforhandler, hvad skal du så gøre? Det er præcis, hvad vi skal se på i de næste par kapitler.

Relationer er nøglen til langsigtet succes

Først er det vigtigt at forstå, at det især i et lille marked som det danske er vigtigt at opbygge langsigtede relationer til både dine eksisterende og potentielle kunder. Derfor nytter det heller ikke at sælge hårdt hele tiden. Du vil simpelthen skræmme nogle væk, der ikke er klar til at købe nu, men måske kunne være blevet dine bedste kunder om seks måneder.

Dine potentielle kunder er i forskellige stadier i forholdet med dig, og du vil aldrig kunne sælge til alle på dit nyhedsbrev. Derfor er min strategi kun at sælge aktivt til dem, der selv har rakt hånden op og vist en interesse i et givent produkt.

Hvis du bruger denne strategi, vil det hjælpe dig, hvis du har lidt modstand i forhold til det at sælge. Disse personer har jo selv udtrykt en interesse i dit produkt, hvilket gør det til din pligt at fortælle dem om produktet, og hvordan du kan hjælpe dem.

En af måderne, du kan få folk til at række hånden op på, er at invitere til et gratis webinar. De får noget gratis undervisning, men samtidig får du dem til at indikere, at de har en interesse i emnet for webinaret, der også er emnet for dit produkt.

Jeg kalder denne proces for "blødt salg, hårdt salg".

Først laver jeg et "blødt salg" til, hvad der reelt er et gratis produkt: webinaret. Hvis en person deltager og derved prioriterer at sætte tiden af til at se det, har jeg en klar indikation af deres interesse, og denne gruppe af mennesker sælger jeg så hårdt til.

Når jeg siger "hårdt", betyder det selvfølgelig ikke, at jeg jagter dem rundt på deres privatadresse med en megafon, men derimod at jeg bruger psykologiske triggers, NLP-teknikker og *tid* på at sælge. Jeg sender flere opfølgende e-mails efter webinaret, der nævner produktet, e-mails, man som almindelig nyhedsbrevs-modtager aldrig vil se.

Du er måske ikke så tryg ved at skulle sælge, men husk, at disse mennesker er perfekte potentielle kunder, der har rakt hånden op, og **som du kan hjælpe**. Her er der nogle potentielle kunder, der gerne vil have din hjælp, de rækker hånden frem imod dig. Hvis du ikke sælger til dem, fratager du dem muligheden for at få den hjælp, dit produkt kunne give dem. Så sælger du ikke til dem, fastholder du dem i deres nuværende situation i stedet for potentielt at kunne hjælpe dem med deres problemstilling. Du skylder disse mennesker, der har rakt hånden op, at sælge til dem!

Og skifter de mening undervejs, kan de altid framelde sig markedsføringen. Bliver de hængende, er det en rigtig god indikation af, at de er interesseret i dit produkt.

I de følgende kapitler skal vi se på, hvordan du

markedsfører og sælger dine produkter. Først ser vi på, hvordan du laver din markedsføringskampagne, og herefter på, hvordan du laver et webinar, der sælger dine produkter.

21 KAMPAGNE, KAMPAGNE, KAMPAGNE

"Dem, der stopper markedsføring for at spare penge, er ligesom dem, der stopper et ur for at spare tid."

— Henry Ford

Der er markedsføring, der dækker over, at man aktivt udfører nogle aktiviteter, og så er der navneordet markedsføringskampagne. Det er vigtigt, at du forstår forskellen mellem de to. Ofte ser jeg folk, der laver forskellige markedsføringsaktiviteter så som at skrive på Facebook, oprette en annonce i et fagblad, sende et nyhedsbrev ud, pitche sit produkt i diverse netværksgrupper eller måske endda få lavet en radioreklame.

Det er der intet galt med, man kan aldrig bruge for megen markedsføring, men for det første er det vigtigt at understrege, at ikke al markedsføring er skabt lige. Noget vil virke bedre i forhold til at generere omsætning i din virksomhed end andet, og det er derfor vigtigt, at du foretager de rigtige aktiviteter i stedet for at skyde med spredehagl. For det andet mangler der en samlet plan, der forbinder dine aktiviteter med hinanden inden for en given periode, og det er her, at en markedsførings-kampagne kommer ind i billedet.

Men hvad er en markedsføringskampagne? Lad mig give dig et eksempel, du sikkert kender, da kampagnen kører hvert år ved juletid. Tuborg var på ingen måde først på markedet med en juleøl. Den ære havde det lille bryggeri Carlsminde ved Nyborg i 1953, men alligevel er det primært Tuborgs øl, vi tænker på, når man siger julebryg eller "snebajer". Da produktet må siges at være temmelig sæsonbetonet, giver det mening at køre en markedsføringskampagne for produktet op til jul.

Deres kampagne kører i november og december med en række markedsføringsaktiviteter. Hvis vi bliver i stort set samme branche, kan du også se at Coca-Cola jævnligt laver nye kampagner, der tilpasser sig den tid, vi lever i. En markedsføringskampagne for Coca-Cola så derfor anderledes ud i 60'erne, end den gør i dag. Produktet har dog stort set ikke ændret sig.

En markedsføringskampagne er altså en fast defineret periode, hvor der er planlagt en række markedsførings-aktiviteter.

Når det kommer til onlineprodukter og markeds-føring af disse, bruger vi en markedsføringskampagne til at fokusere vores salg. Vi varmer potentielle kunder op, giver dem et tilbud, der kun gælder i en given periode, så følger vi op, indtil deadlinen for tilbuddet udløber. Når din kampagne er overstået, kan du gentage den eller lave en helt ny.

Den metode, jeg vil vise dig, bruger primært to forskellige medier: 1) e-mail og 2) webinar.

E-mailen bruges til at holde kontakten med den potentielle kunde, og webinaret bruges til aktivt at sælge med. En kampagne kan vare kortere eller længere tid, der er ikke et rigtigt svar. Generelt gælder det dog, at jo højere prissat dit produkt er, jo mere opvarmning skal der til, inden du aktivt beder din potentielle kunde om at købe. Husk, at hvad en høj pris er, varierer afhængig af din målgruppe.

Eftersom de fleste af mine kampagner er centreret om ofte kun et enkelt webinar, er mine kampagner ofte forholdsvis kortvarige. Men lad mig give dig et konkret eksempel på en kampagne, så du kan få en idé om, hvad jeg mener.

Trin i den gode kampagne

Opvarmning. Vi starter med at sælge blødt. En uge inden webinaret afholdes, inviteres nyhedsbrevs-modtagere til at deltage gratis. Samtidig kan man også sætte andre markedsføringsaktiviteter i gang. Fx kan du lave en Facebook-reklamekampagne, der kører ugen op til webinaret. På denne måde får du også friskt blod til dit nyhedsbrev.

Tre-fire dage efter den første invitation kan du vælge at sende en reminder-e-mail ud via dit nyhedsbrev til dem, der ikke har tilmeldt sig. Igen et meget blødt salg, da du udelukkende vil sikre dig, at alle, det kunne være relevant for, har set din invitation.

De personer, der tilmelder sig webinaret, modtager typisk et par reminder-e-mails fra webinar-systemet for at huske dem på, at de har tilmeldt sig, og sikre, at de dukker op.

Salget. En uge efter markedsføringen for webinaret startede, afholdes webinaret så. I næste kapitel vil jeg dykke lidt mere ned i, hvordan du laver dine webinarer. Men her vil du hjælpe dine deltagere med din ekspertviden og til sidst give deltagerne et rigtig godt tilbud, der gælder i en begrænset periode.

Typisk vil et tilbud gælde en uges tid, men det er op til dig, om du vil gøre denne periode kortere eller længere.

Opfølgning. Efter webinaret følger du så op med daglige e-mails indtil deadline for tilbuddet, eller indtil de køber produktet, da det jo ikke er nødvendigt at fortsætte markedsføringen over for dem, der allerede har købt.

Så den fulde kampagne opfatter altså ud over et ca.

timelangt webinar to invitations-e-mails og fire-syv opfølgnings-e-mails. Når du gentager kampagnen, skriver du måske nogle nye invitations-e-mails, men resten af kampagnen kan du køre stort set uændret. Det vil sige, at du kan genbruge dit webinar, om end du skal præsentere det live igen, samt dine opfølgnings-e-mails.

Jeg har set utallige bruge følgende kampagneskabelon til at generere mellem 20.000 og 50.000 kroner, første gang de kører den. En kampagne, de kan gentage efterfølgende, og som bliver skarpere og skarpere, og som derfor typisk vil resultere i flere salg i de senere kampagner.

Mål hvad der virker

John Wanamaker (1838-1922), der åbnede et af de første succesfulde varehuse i USA, og hvis kæde af 16 butikker senere blev en del af Macy's, udtalte følgende:

"Halvdelen af de penge, jeg bruger på markedsføring, er spildt; problemet er, at jeg ikke ved hvilken halvdel."

Det har i lang tid været umuligt at se på, hvilke markedsføringstiltag der rent faktisk virkede og endte med at give omsætning. Det fantastiske ved at drive sin virksomhed på nettet er, at alting kan måles, og du kan se præcis, hvad der virker, og hvad der ikke gør. Så i modsætning til situationen for John Wanamaker er det i dag let at gøre mere af det, der virker, og stoppe det, der ikke gør.

Når du hele tiden kan forbedre din markedsføring en lille smule og konstant blive skarpere på, hvad virker, er det svært ikke at få succes før eller siden!

Du kan på ingen måde tvinge nogen til at købe dit produkt. Det ville nu heller ikke på nogen måde være særlig interessant, selv hvis det var muligt, så det, du i stedet gør med din kampagne, er, at du tvinger din potentielle kunde til at *tage stilling til*, om han eller hun vil købe eller ej.

Vores hjerne er god til at optimere ressourcer. Derfor vil vi også som oftest udsætte de beslutninger, der kan udsættes. Har du ikke mere toiletpapir derhjemme, er det svært at udsætte en beslutning om at købe noget mere, når vi står i supermarkedet. Men er det lige nu, du skal købe et seksugers kursus, der lærer dig at lave onlinekurser?

Når du laver en kampagne, der er centreret om et givent tilbud, der forsvinder efter en given dato, bliver dine potentielle kunder nødt til at tage stilling til, om de vil købe eller ej. Der er jo ingen, der ønsker at betale mere for et produkt, end de skal, eller for den sags skyld gå glip af nogle særlige bonusser, der kun gælder i forbindelse med kampagnen.

Ved at introducere en deadline for dit tilbud introducerer du samtidig en kraftig psykologisk trigger, der i sidste ende vil give dig flere salg. Det betyder dog også, at du "altid skal køre en kampagne". Her mener jeg, at du efter en kampagne kan starte på den næste. Det kan være for et andet produkt, eller du kan simpelthen starte en ny kampagne med det samme produkt.

Mit seksugers forløb "Lav Fantastiske Online Kurser" kører jeg typisk fem-seks gange om året. Det vil sige, at jeg markedsfører forløbet, kører de seks uger med deltagerne og starter så en ny kampagne. Det meste af materialet er allerede lavet, hvorfor det primært handler om at sætte nogle e-mails op i mit nyhedsbrevssystem. Mens deltagerne så går igennem selve kurset, kan jeg bruge tiden på at køre en kampagne for et andet produkt eller arbejde på et nyt produkt.

Når du først har udviklet et par produkter, vil meget af din tid gå med markedsføringen af dem. Nu er de jo produceret og ligger klar på den virtuelle hylde, og så kan du fokusere på at køre dine kampagner og sælge dem. Så har du lavet et produkt, men føler ikke, at det sælger nok, skal du ikke gå i gang med det næste produkt. Lav i stedet en markedsføringskampagne, og sælg det intensivt over en kortere eller længere periode.

22 DIN WEBINAR-SALGSMASKINE

"Hvis folk kan lide dig, vil de lytte til dig. Men hvis de stoler på dig, vil de handle med dig."
– Zig Ziglar

Klokken var halv 10 om aftenen, og jeg sad på mit kontor i Lyngby og havde netop lukket ned for et webinar, jeg havde holdt, og sad nu og læste de kommentarer, der var kommet ind i løbet af den sidste halvanden time, igennem.

Det var superfed læsning. Der var så mange, der takkede mig og kaldte mit webinar for det bedste, de nogensinde havde deltaget i. Det gjorde mig selvfølgelig enormt stolt og bekræftede mig i, at webinarer var et godt værktøj at bruge til at profilere mig selv. Men så kiggede jeg over i mit shopsystem og så, at ikke en eneste havde købt det produkt, jeg havde promoveret i den sidste del af webinaret.

Jeg kunne simpelthen ikke forstå det. Her var der lutter positive tilkendegivelser i kommentarerne, og alligevel havde ikke en eneste af de mere end 100 personer, der havde lyttet med live, købt mit produkt. Et produkt, der ellers var temmelig relevant, hvis man havde deltaget i webinaret. Derfor gik jeg også lidt frustreret hjem fra kontoret. Havde det været en succes eller hvad?

Over de næste par dage sendte jeg et par e-mails ud til webinar-deltagerne, og der begyndte efterhånden at komme nogle salg ind, og op til deadlinen af tilbuddet kom der endnu flere salg ind. Det endte med salg for 60.769 kroner, hvilket var tilfredsstillende for det givne produkt, men det gav mig også blod på tanden med hensyn til at bruge mine webinarer som salgsmaskiner. Jeg brugte derfor måneder på at suge alt, hvad jeg kunne om webinarer og særligt, hvordan man solgte på webinarer, til mig. Jeg prøvede flere forskellige strategier af med varierende succes for til sidst at ende med en formel, der syntes at fungere stort set hver gang.

Når jeg brugte min nye webinar-strategi, skete de fleste salg på selve webinaret i stedet for i dagene efter, og samtidig solgte jeg mere, fordi deltagerne ikke nåede at "køle ned" igen efter webinaret. Der går jo hurtigt hverdag i den, så selvom de måske var varme på webinaret, kan man hurtigt komme ned på jorden igen, når der er gået nogle dage efter webinaret.

Det resulterede i, at jeg på et webinar for det samme produkt, der i den tidligere kampagne havde solgt for lidt over 60.000 kroner, nu solgte for 142.694 kroner, meget af det på selve webinaret. Jeg følte, jeg havde fundet nøglen til at sælge på webinarer, og jeg besluttede mig derfor for at afprøve min strategi på en anden.

Jeg har tidligere fortalt dig om min gode ven Uffe og den PowerPoint-skabelon, jeg sendte ham. Det var første gang, jeg gav en anden den hemmelige struktur, jeg havde fundet frem til, og på trods af at det var Uffes første webinar, endte han med at sælge for 20.000 kroner. De 18.000 kom ind, allerede inden han var holdt op med at tale. BUM. Vel at mærke for et produkt, han ikke havde lavet endnu.

Webinarer er en af de vigtigste aktiviteter i min virksomhed, da antallet af webinarer og deres succes har direkte indflydelse på min omsætning. Især til produkter fra ca. 2.000 kroner og op er salg via webinarer en god idé. Har du billigere produkter, kan de som oftest sælges via e-mailkampagner og mere på autopilot ved at give dine nyhedsbrevsmodtagere en sekvens af e-mails. Selv har jeg solgt produkter, der har kostet fra 2.000 kroner og helt op til 25.000 kroner, direkte fra et 60-minutters webinar med min struktur.

Sådan strukturerer du dit webinar

Nu kan jeg ikke give dig hele min PowerPoint-skabelon i denne bog, men jeg vil meget gerne give dig den struktur, som jeg opbygger mine sælgende webinarer om.

Den største hemmelighed er nok, at jeg sælger igennem hele det 60 minutter lange webinar. De fleste vil nok tro, at man kun skal sælge i de sidste 5-10 minutter, når man holder et webinar, men hele webinaret er bygget op omkring at sælge et givent produkt.

Det sælgende webinar er opbygget i fire overordnede faser:

• Introduktion og positionering
• Undervisning
• Overgang
• Salg.

Introduktion og positionering. Jo bedre positionering, jo højere priser kan du i sidste ende tage, så dette er bestemt en af de vigtigste faser i dit webinar.

Denne fase skal du bruge 10-15 minutter på. I introduktionen er det godt at sætte ramme for webinaret og gentage det, du har lovet dine deltagere i forbindelse med webinaret. Altså det, de vil lære. Hvis du vil sikre, at de deltager i hele webinaret og også ser din afsluttende salgsdel, kan du eventuelt give dem, der bliver hele webinaret, en lille gave. Det kunne fx være en tjekliste eller lignende over det, du har lært dem på webinaret.

I din positionering fortæller du din eksperthistorie, går ind i dine egne og eventuelt andres – dine kunders – resultater. Altså, hvad du selv har fået ud af den viden, du vil gennemgå på webinaret, og hvad andre, du har hjulpet, har fået ud af den.

Undervisning. Dette er hoveddelen af dit webinar og varer typisk ca. 30-40 minutter. Når man første gang skal afholde et webinar, kan det være besnærende at putte så meget indhold ind som muligt, men det kan hurtigt overrumple dine deltagere. I stedet bør du fokusere på tre hovedpunkter.

Hvert hovedpunkt har du så ca. 10 minutter til at præsentere. Når du skal vælge tre emner, du skal tage op i træningsdelen, skal du dog ikke bare vælge, hvad du lige synes kunne være interessant. Husk på, at du laver et sælgende webinar. Du skal i stedet se på, hvilke begrænsende overbevisninger dine potentielle kunder har om dit emne. Med begrænsende overbevisninger mener jeg, hvad de *tror* om emnet, men som ikke nødvendigvis er sandt, og som holder dem tilbage fra at få de resultater, de gerne vil have.

Lad mig give dig et eksempel. Rigtig mange kommer til mine webinarer og tror ikke, at de kan finde ud af teknikken bag at lave et produkt og få det online. Det ville være nærliggende, at jeg derfor underviste i, hvordan de fx bruger Simplero, der er det system, jeg anbefaler. Men det gør jeg ikke. I stedet kan jeg finde på at fortælle en historie om en anden, der var bange for teknikken, men som endte med at få alt til at spille og i dag ikke længere er begrænset af denne tro. Så din undervisning skal altså adressere disse begrænsende overbevisninger og smadre dem.

For i sidste ende, hvad er en begrænsende overbevisning? Det er en indvending imod at købe dit produkt. "Nej, det produkt er ikke for mig, for jeg kan jo alligevel ikke finde ud af teknikken."

Når du bygger dit indhold op over dine deltageres begrænsende overbevisninger, vil du derfor få det meget lettere, når du kommer til den aktive salgsfase.

Overgangen er den korteste fase og kan for det meste overstås på 30 sekunder. Men den er alligevel vigtig, fordi du indtil nu kun har hjulpet dine webinar-deltagere. Når du så pludselig begynder at tale om dit produkt, vil det derfor være et relativt stort skift. Derfor bruger du overgangen til at gøre salgsfasen relevant i forhold til det, du lige har præsenteret.

Det kan være så simpelt som at sige noget i retning af: "Nu har vi lige gennemgået X, vil du have min hjælp til at implementere det/gøre det/gøre det hurtigere osv., så har jeg et rigtig godt tilbud til dig."

Salg. Det er så her, at du aktivt sælger dit produkt. Det første, du bør gøre, er at beskrive dit produkt i deltaljer. Man siger, at et salg sker, når din potentielle kunde ikke længere har spørgsmål, så sørg for at komme ud i alle hjørnerne af dit produkt.

Herefter introducerer vi "stakken". Dette begreb kan jeg ikke selv tage æren for, jeg har lært det af en amerikaner, der hedder Russell Brunson, der selv har lært det af en anden. Her begynder du at synliggøre den værdi, en kunde får. Du har simpelthen en slide, hvor du viser al den værdi, de får. Fx får de undervisningen, der er 1.997 kroner værd, adgang til en Facebook-gruppe, der er 497 kroner værd, de får også en bonus, der er 997 kroner værd, og en anden bonus, der er 497 kroner værd. Altså får de værdi for 3.988 kroner.

Her gælder det simpelthen om at vise al den værdi, du leverer med dit produkt. Du skal gøre tilbuddet så uimodståeligt, at når du viser selve prisen, er folk fuldstændig paralyseret over, hvor billigt det er. Det handler om kontraster. En stor værdi til en lav pris.

Der er flere småting, du kan gøre for at optimere dit salg, men dette er det absolut vigtigste. Jeg vil anbefale dig at deltage i et af mine webinarer og tage noter undervejs, ikke nødvendigvis på indholdet, men mere hvad jeg siger i forbindelse med salget. Du vil hurtigt kunne se strukturen med "stakken" i mine webinarer.

Det kan være, at webinarer på et tidspunkt holder op med at virke, eller der kommer noget andet, der virker bedre. Men lige nu er det i mine øjne det bedste værktøj, du kan bruge til at sælge dine produkter, der er prissat fra 2.000 kroner og op.

23 SUCCES MED BABYSTEPS

"Forvent problemer, og spis dem til morgenmad."

– Alfred A. Montapert

Det kan være, at du elsker at arbejde på dit produkt. Det kan til tider være frustrerende, og man skal lære nye ting, men til syvende og sidst føles det dejlig trygt. Som den gamle sofa, der burde være skiftet ud for længst, men som jo er så pokkers god at putte i.

Problemet er, at man kan bruge sit produkt som undskyldning for ikke at sælge det. Det skal jo lige være helt færdigt først. Hvis du husker historien om Uffe, så bad jeg ham faktisk om at sælge produktet, inden han overhovedet havde lavet det. Jeg er klar over, at det kan virke grænseoverskridende at skulle sælge noget, man reelt endnu ikke kan levere, men når du har betalende kunder og en deadline, så bliver dit produkt sjovt nok færdigt til tiden.

I sidste ende handler det om, hvordan du vælger at prioritere din tid, og der er ikke noget, der får en opgave højt op på listen, som når en masse mennesker har betalt dig nogle penge.

Kan du huske sidste gang, du lavede et nytårsforsæt? Eller sidste gang, du besluttede dig for at ændre nogle dårlige vaner (eller starte en ny)? Kodeordet er her "intention". Vi har en intention om at ændre på noget, men vi ryger snart ind i hverdagens rutiner igen, og pludselig har vi glemt alt om vores "intention". Eller rettere, den er der jo stadig, den er bare blevet prioriteret lavere end alle mulige andre ting, der jo også er enormt vigtige.

Derfor er det bedste, du kan gøre, at afgive et løfte over for nogen, der *ikke* er dig selv. Nogen, der løbende kan minde dig om og holde dig op på dit løfte. Nogen, der ikke gider høre på dårlige undskyldninger om, at du jo også skulle til badminton, eller at hunden pludselig tyggede i computeren.

Hvis du nu sidder og har koldsved springende ud over det hele, så bare rolig. Jeg har solgt alle mine produkter, inden jeg lavede dem, og alle mine lemmer sidder stadig fast på kroppen.

Det handler ikke om at snyde nogen eller tage folks penge og så ikke levere noget. I sidste ende leverer du et rockerfedt produkt. Det handler bare om, at du committer dig og får prioriteret at skabe din ekspertvirksomhed. Der er heldigvis en god måde at gøre det på, og jeg vil fortælle dig præcis, hvad jeg har gjort, hver gang jeg har lanceret et nyt produkt. Typisk sælger jeg mine produkter via webinarer, og metoden, jeg vil vise dig, er derfor en, jeg bruger i dette medie. Er dit produkt i den billigere ende, kan du eventuelt også bruge metoden til at sælge via e-mails.

Løsningen er at skabe et win-win-scenarie for både din kunde og dig selv. Du skal ikke sige direkte, at du ikke har lavet produktet endnu, det kan være med til at skabe en usikkerhed hos de potentielle kunder, men samtidig er du også åben om, at du giver dem et godt tilbud, fordi det er første gang, du sælger produktet.

Du kan sige (eller skrive, hvis du sælger dit produkt i en e-mail): "Da det er første gang, jeg åbner for tilmelding til [dit produkt], er det vigtigt for mig at få din feedback undervejs, derfor får du [dit produkt] til halv pris af, hvad det næste hold betaler. Vi starter [en dato X antal uger fremme i tiden, som giver dig tid nok til at lave produktet]."

Dit publikum får altså et rigtig godt tilbud, som du allerede nu fortæller dem, er et engangstilbud. Samtidig giver du dem en grund til, hvorfor du giver dem tilbuddet, hvilket gør den lave pris mere troværdig. Du fortæller dem også, at du forventer deres feedback undervejs, hvilket i sidste ende gør det let for dig at spørge ind til kundeudtalelser til sidst, og endelig, at det første hold starter et godt stykke ude i fremtiden.

På denne måde har du tid til at få lavet dit produkt. Hvis du samtidig fx frigiver et modul om ugen over seks uger, skal du ikke have alt dit indhold klar til holdstart.

Sådan har jeg lanceret alle mine produkter, og de er alle blevet leveret til tiden og til tilfredse kunder. Flere af dem, der følger mig, har luret, at de får et rigtig godt tilbud, når jeg lancerer et nyt produkt. Dette giver i sidste ende flere salg og opvejer derfor som oftest den lavere introduktionspris.

Ny virksomhed, nye vaner

Jeg har løbet de sidste mange år. Det er egentlig ikke noget, jeg nyder specielt, og jeg har aldrig nogensinde ramt noget, der bare ligner "runner's high", som nogle taler om skulle være helt fantastisk. Faktisk har jeg en del modstand mod det at løbe, men kan godt se behovet for at røre mig, så jeg får mere energi både fysisk og psykisk.

Det startede, da jeg blev 35. På det tidspunkt følte jeg bare, at hele min fysik gik ned ad bakke. Meget af min dag foregår jo bag en computer, og jeg havde ikke dyrket nogen form for sport, siden jeg var 18. Jeg valgte løb, da det var her, jeg kunne have færrest undskyldninger. Bare på med et par sko, og så ud og i gang.

Men jeg vidste også, at startede jeg med at løbe bare fem kilometer (som man jo snildt kunne gøre i folkeskolen til det årlige motionsløb), ville jeg meget hurtigt blive træt af at løbe. Så i stedet satsede jeg på at opbygge en rutine.

Jeg løb om morgenen fem gange om ugen og holdt pause i weekenden. Min daglige morgenrutine i hverdagen var temmelig fast, mens den i weekenderne var mere løs. Jeg lagde altså den nye vane, jeg gerne ville introducere, op ad en etableret vane (mit morgenprogram).

Det lyder måske flot, at jeg startede med at løbe fem gange om ugen, men jeg kan forsikre dig om, at det for det første var i temmelig dårlig stil (at kalde det for løb ville nok være at tage munden for fuld), og for det andet løb jeg kun 500 meter hver gang. Bare lige en runde rundt om det villakvarter, vi boede i på det tidspunkt. Men jeg ville have vanen først.

I dag løber jeg tre gange om ugen, stilen er blevet noget bedre, og jeg løber også noget længere. Jeg er stadig ikke tosset med det, men jeg kan se resultaterne på min krop og mit energiniveau. Det giver mig et større overskud til både min virksomhed og min rolle som far.

Min pointe er, at du bliver nødt til at afsætte noget tid til at introducere din nye vane. Så i stedet for at fortælle dig selv, at du arbejder på dit onlineprodukt, når du lige har tid, så sæt tid af i kalenderen på faste tidspunkter. Accepter, at det nogle gange kan føles, som om du nærmest kun går i stedet for at løbe, men at du rutinemæssigt går til opgaven. Accepter også, at du ikke starter med at sprinte. Du kan ikke forvente, at millionerne ruller ind på kontoen, tre uger efter du er startet. Du skal kravle, før du kan gå, og tage det et lille skridt ad gangen.

Det kræver, at du sætter tid af til opgaverne og prioriterer arbejdet, så det ikke bare bliver, "når du har tid". Hurtigt vil du begynde at få mere fart på, og hurtigt vil du begynde at se resultater.

24 NU ER DET DIN TUR

"Here's to the crazy ones.

The misfits. The rebels. The troublemakers. The round pegs in the square holes. The ones who see things differently. They're not fond of rules. And they have no respect for the status quo. You can quote them, disagree with them, glorify or vilify them. About the only thing you can't do is ignore them. Because they change things. They push the human race forward. And while some may see them as the crazy ones, we see genius.

Because the people who are crazy
enough to think they can change the
world, are the ones who do."
— Rob Siltanen

Det er nu din tur til at tage action. Jeg har givet dig et kort, du kan følge. Et kort, der kan føre dig til mere frihed, selvstændighed og økonomisk uafhængighed. Et kort, der viser dig, hvordan du bygger en succesfuld onlinevirksomhed ved hjælp af din passion og dit budskab.

En virksomhed, der kan etableres på et minimalt budget uden at skulle være på god fod med din bankrådgiver, en virksomhed, der kan køres fra et hvilket som helst sted på kloden med en internetforbindelse. Om det er Barcelona, Berlin, Bangkok, Bahamas eller Bogense.

Som jeg skrev i et tidligere kapitel, sker der ingenting, medmindre du beslutter dig for at handle. Du skal beslutte dig for, om du vil træde de første trin ud på stien og starte på rejsen igennem den magiske skov og komme ud på den anden side med en virksomhed, du kan være stolt af, og som du elsker.

I starten vil rejsen føles lang, og det kan være, at du også undervejs vil føle dig ensom. Dem omkring dig vil måske ikke forstå rejsen, du er på, ikke forstå, hvorfor det er din pligt at hjælpe dem, du kan, med dit budskab.

Men efterhånden som du følger kortet, vil du begynde at se små resultater, der som spirer popper op af den kolde forårsjord, og det vil give dig blod på tanden. Når du lancerer dit første onlineprodukt og ser, at du kan hjælpe dine kunder, samtidig med at du tjener penge i din virksomhed, er der ingen vej tilbage.

Hvis du fx sælger for 20.000 kroner af dit første produkt, når du lancerer det, prøv så at forestille dig, hvad der sker, når du sælger det samme produkt næste gang ... Eller hvor din virksomhed og dit brand er om et år ... to år ...

Du har en kæmpe mulighed for at gå ud og blive den førende ekspert inden for dit felt, hjælpe tusindvis af mennesker med dit budskab og dine produkter og samtidig skabe din drømmebusiness.

Hvis du gerne vil have min hjælp og et netværk af passionerede mennesker med den samme drøm og de samme mål som dig selv, vil jeg anbefale, at du deltager i seminaret Online Expert Blueprint – https://rasmuslindgren.dk/oeb. Her guider jeg dig igennem hele modellen over en weekend, så du ved præcis, hvad din ekspertise er, hvilken kundemagnet du skal lave, hvilket produkt der skal være dit første, og hvordan du skal holde dit webinar, så du sælger det.

Du får også et fantastisk netværk, der kan støtte dig i din rejse, heppe på dig undervejs og hjælpe dig, når noget driller.

Hvis du vil have et samlet overblik over de forskellige ressourcer i denne bog samt modtage yderligere undervisning i, hvordan du starter din onlinedrømmebusiness, kan du finde det hele på http://blivonlineekspert.dk/bonus.

Det er din tid nu! Du er en ekspert!

Du har et budskab, du kan hjælpe andre mennesker med. Det er faktisk din pligt at gøre det. Hvis du ikke hjælper dem med at nå det næste niveau i deres liv eller virksomhed, hvem skal så?

Jeg har givet dig kortet. Nu er resten op til dig. Du har lige nu en helt unik mulighed for at skabe den virksomhed, du altid har drømt om, en virksomhed, hvor du bliver betalt for at dele din viden og rådgivning. Du har muligheden for at skabe en virksomhed uden større investering end din egen tid, en virksomhed baseret på din passion.

Smid ikke denne mulighed væk. Omfavn den!

RESSOURCER OG EKSTRA INDHOLD

Igennem bogen anbefaler jeg flere systemer og værktøjer. For at gøre det let for dig har jeg samlet dem alle på nedenstående link.

Her vil du også modtage ekstra videoundervisning i, hvordan *du* bliver onlineekspert og skaber en succesfuld virksomhed baseret på dit budskab og din passion.

http://blivonlineekspert.dk/bonus

www.ingramcontent.com/pod-product-compliance
Lightning Source LLC
Chambersburg PA
CBHW021709210326
41599CB00013B/1584